# 女優きもの髪

## 美人度が上がる髪型の法則

# 私が輝く、きものも引き立つ
# 黒田啓蔵の「女優きもの髪」

「髪が決まってこそ、女は美人」
それは、きもの姿にも当てはまる綺麗のルール。
どんなに素晴らしいきものをまとっても、
髪型ひとつで美しくもなれば、
かえって美しさから離れてしまうこともあります。
それでは、どんな髪型であれば、きもの姿が美しく見えるのでしょう。
僕が考えるその答えを、この一冊に盛り込みました。

これまで『家庭画報特選 きものSalon』の誌面上で、
多くの女優さんのきもの撮影に携わり、ヘア&メイクを担当させていただきましたが、髪型の解説をするのは初めての試みです。

できる限り細かく再現し、レクチャーしたつもりです。

「女優さんのような髪型で美しくなりたい」と願う女性の一助になれば、こんなに嬉しいことはありません。


第一章は、『きものＳａｌｏｎ』から抜粋した、写真集のような仕立てに。

まとう女優の個性が輝く、きものとヘアのバランスをご覧ください。

つづく第二章では、まとめ髪が得意になる、基本テクニックをお教えします。

第三章は、基本を踏まえたアレンジを披露しました。

第四章では、プロフェッショナルならではの美の技をご紹介しています。

本書をお手本にすれば、あなたもきっと、女優美人なきもの姿に！

# 目次

第二章　黒田流・メソッド 基本編
# 美しい〝まとめ髪〟基本の「き」

第三章　黒田流・メソッド 応用編
# 美しい〝まとめ髪〟カタログ

## 第四章　黒田流・メソッド 発展編
# もっと美人になれる〝神技《テクニック》〟

第一章

## 黒田流 女優ヘアに見る

# ヘアときものの素敵な関係

まとう人の個性ときものの持つ世界観、この2つをつなぐ懸け橋となるのが、ヘアスタイルです。互いに引き立てあい、せめぎあって、美しいきもの姿が完成します。シンプルなまとめ髪も、その人の顔形や雰囲気に合わせたアレンジをほんの少し加えるだけで、見違えるほど素敵に見えるもの。特に今は個性の時代です。伝統的な美意識や、綺麗に見える黄金バランスを押さえたうえでの遊び心があれば、もっとお洒落に見えてきますし、きものに親しめると思うのです。

# 〃華やか〃女優ヘア

# 華やぎのアップスタイル

黒地の帯を効かせた、松尽くしのお洒落なお出かけ着には、高めの位置で結い上げた髪型で、若々しく。サイドはきっちりタイトにまとめることで、現代的でありながらも、きもの髪にふさわしい品格を備えています。仕上げにきらりと光るアクセサリーで、新春の華やぎを添えて。友人と連れ立って、初詣でに出かけるのもおすすめです。

白地に緋色の松葉が艶やかな小紋に、松の染め帯の晴れやかコーディネート。黒地に緋色、朱、糊の白上がりで描いた端麗な松の染め帯で、可憐さを加味しました。帯揚げの飛び絞りが、装いをはんなりとさせるポイントです。きもの・帯／ともに創作呉服 丸重多かはし　帯揚げ／宮川　帯締め／道明

# 優美なフィンガーウェーブ

刈安《かりやす》色に秋草をあしらった、日本情緒あふれる付け下げ。
きものの持つはんなりとした雰囲気に添うように、
髪にも優美なフィンガーウェーブを取り入れています。
フィンガーウェーブはラインのつながりが肝心。
名うての彫刻家になったつもりで、黒髪を自在に操り
美しい造形美を生み出しましょう。

透明感のある刈安色地に楚々とした秋草と、金駒刺繡で花束をあしらった付け下げです。初秋を意識して、葡萄《えび》茶で唐花を織りだした綸金《ねんきん》の帯で、鮮やかなきものの色に落ち着きを加えて。帯締め「春秋」が、晴れやかな気分を醸します。きもの／豊中・織元　帯／桝屋髙尾　帯揚げ／和小物さくら　帯締め／道明

# お出かけ気分の洋髪風

春爛漫！　桜の花びらが舞う小紋は、
ワンピース感覚のお出かけ着として楽しめます。
仕上げにネックレスをカチューム風にあしらい、
軽快さを装った、パーティにも映える髪型にしました。
高さと奥行きを出すことで、カジュアルになり過ぎることもなく、
きものにふさわしいエレガンスをまとえます。

千草色地に花びらが清々しい小紋です。
帯に描かれた花の花弁を散らしたような
印象のコーディネートが、春の風景を連
想させて、ロマンチックです。花びら文
様のきものには、春先の梅、桜、藤の帯
で装いたいもの。きもの・帯／ともにき
もの創り玉屋 銀座店　帯揚げ／和小物
さくら　帯締め／道明

# 大人可愛い三つ編み

濃い地色に金銀だけで文様を表した、シックな柄ゆきのきものは、すっきりとドレス感覚で着こなしましょう。髪には三つ編みをあしらい、大人の可愛さを演出しました。眉上で切り揃えた厚めの前髪と、太めの三つ編みの相乗効果で、令嬢風の愛らしさが際立ちます。
古典モダンなきものを甘口ヘアで着こなす、このバランスが要です。

褐色地に截金《きりかね》の技法で華文を飛ばした付け下げ訪問着。友禅で華文を描いた上に金彩で覆い、深い色合いの金の華文を染めた、きりりと格調のあるきものです。ガレの作品を思わせる櫛織りの帯とのさりげなく上質な装いが、魅力的です。きもの・帯／ともにきもの創り玉屋　銀座店　帯揚げ／宮川　帯締め／道明

# 〝華やか〟女優ヘア解説

## 一〇頁 華やぎのアップスタイル

一気にポニーテールにするのではなく、前と後ろの2つに分けて結ぶことで、トップはふんわり、バックはタイトにと、質感を替えたスタイル。このひと手間でシンプルなヘアに品が出る。

### HOW TO

① 全体をイヤー・ツー・イヤーで前後に分けたら、それぞれまとめてポニーテールにする。前側は毛束をつまんで高さを出し、ふんわりとさせる。

② 全体に逆毛を立てる。バランスを見ながら毛束を広げて、ピンで固定する。

③ 襟足やサイドなど、タイトにまとめたい部分の後れ毛を処理する。刷毛にハードスプレーを吹きかけたら、なで上げるようにして固める。

# 一二頁 優美なフィンガーウェーブ

両サイドにあしらった飾り毛が、軽やかなスタイル。S字の飾り毛は、カーブする部分をダッカールで仮留めし、ソフトスプレーでキープしてからダッカールを外して、ピンで固定するのがコツ。

## HOW TO

①

バックの髪をひとつに結び、低めの位置でシニヨンに。フロントとトップは逆毛を立てたら前後で2つに分け、後ろ側は、バックのシニヨンになじませる。

②

前側はさらに6:4に分け、6のほうの生え際にダッカールで仮留めし、しっかりと立ち上げをつくる。

③

分けた前髪は、それぞれサイドでS字の飾り毛をつくり、ダッカールで仮留めし、毛先はシニヨンになじませる。

## 一四頁　お出かけ気分の洋髪風

サイドから見ると、ぐっと後頭部がせり出した、高さと奥行きのあるアレンジ。トップに奥行きを出したら、両サイドから膨らみを挟むようにピンで固定し、高さを出して。

### HOW TO

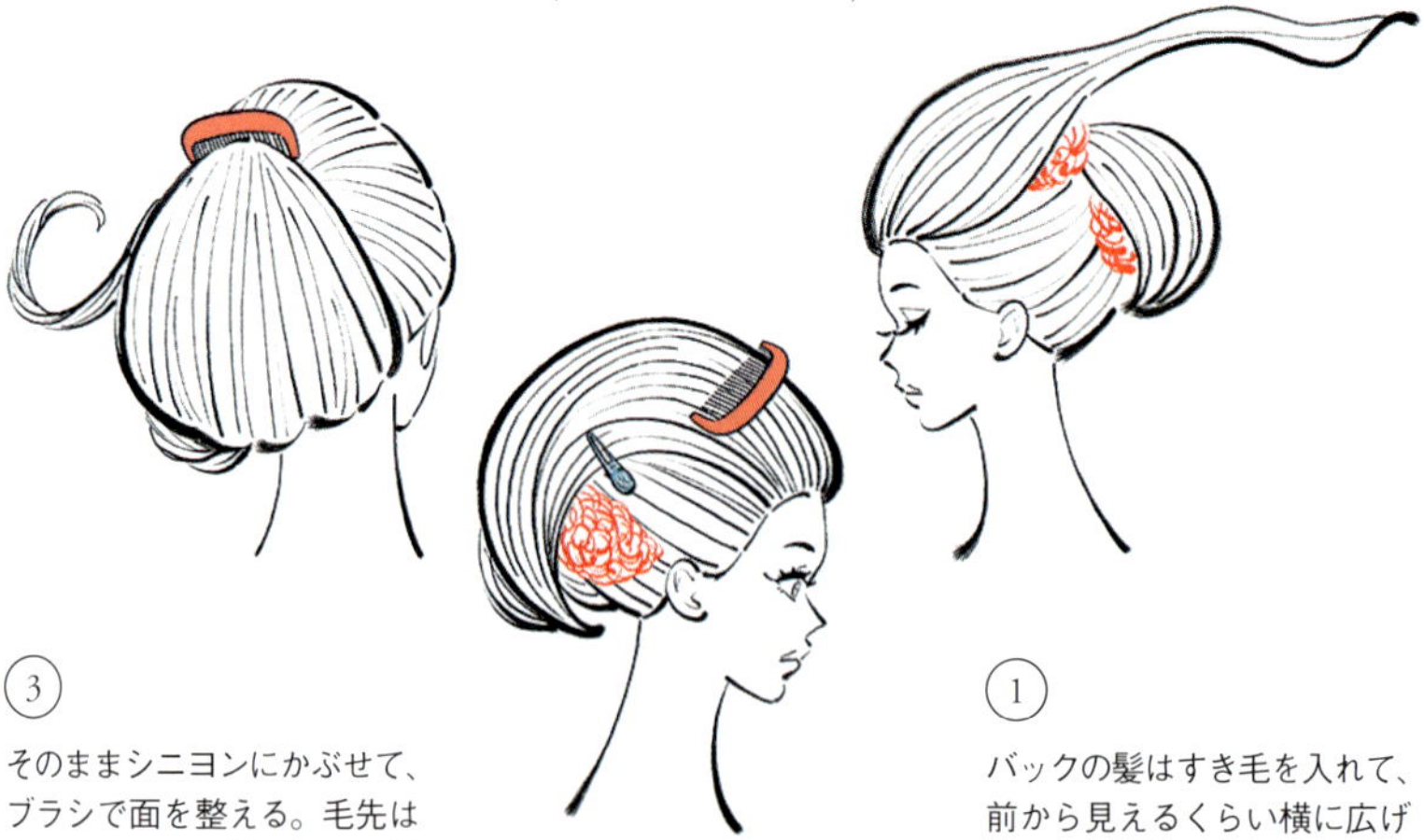

①
バックの髪はすき毛を入れて、前から見えるくらい横に広げた大きめのシニヨンに。フロントとトップは逆毛を立てる。頭頂部にもすき毛を入れる。
※すき毛:P.98参照

②
すき毛に毛束をかぶせたらブラシで面を整え、カーブができる位置でピンで固定。さらにダッカールで仮留めして、高さと奥行きを出す。

③
そのままシニヨンにかぶせて、ブラシで面を整える。毛先はシニヨンの下や横にしまい込む。スプレーしたら、ダッカールを外してピンで固定。

## 一六頁 大人可愛い三つ編み

三つ編みのつけ毛をアクセサリー代わりに。三つ編みの丸いイメージをシャープに見せるため、シニヨンを縦長のシルエットにして洗練させた、巧みに計算したデザイン。

### HOW TO

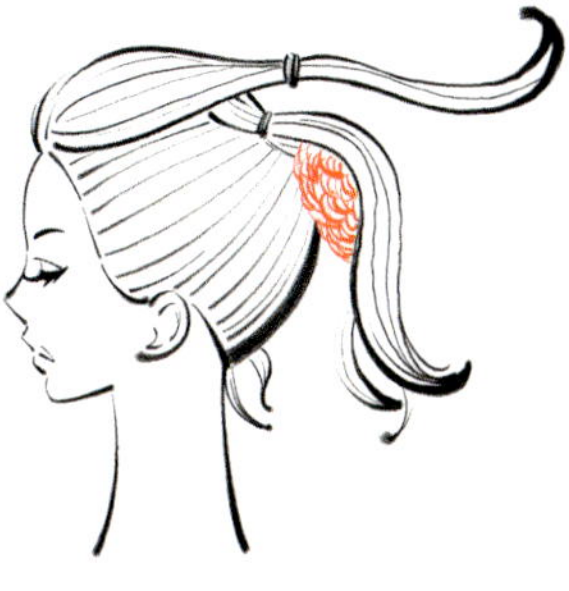

①
フロントとトップ、バックの髪をそれぞれひとつ結びに。2本の毛束をまとめたら、内側にすき毛を入れて縦にひっぱり、縦長のシニヨンをつくる。

②
1本の三つ編みのつけ毛を用意する。三つ編みの中心を、シニヨンの結び目にしっかり固定する。

③
三つ編みで、縦長のシニヨンの輪郭を囲み、下で交差させてピンで隠す。三つ編みは2本つけたり、太いデザインを選ぶなどアレンジも可能。

〝華やか〟女優ヘア

# 〝カジュアル〟女優ヘア

# ドレスにも似合うモダン髪

個性的なデザインに触発され、
ヘアにも洒落っ気たっぷりな心持ちを重ねました。
厚みのある直線的な前髪と、
逆毛で巧みに仕上げた躍動感のあるカールで、
洋のエッセンスを取り入れています。
前髪の直線とカールのコントラストも、趣があって素敵です。

昭和の人間国宝・稲垣稔次郎のデザインを受け継ぐ、染め工房「染殿近與」の、現代に息づく型絵染め小紋です。菜の花色地の色紙散らしの中に、アーティスティックな松葉を描いたもの。正倉院文様の袋帯で、きものの力を生かすコーディネートに。きもの・帯／ともにきもの創り玉屋 銀座店　帯揚げ／宮川　帯締め／道明

# 可憐な風情の娘髪

藍染め格子のきものに、更紗模様を織りだした帯の取り合わせ。一見簡潔で、実は凝った織り技のきものだからこそ、髪には可憐な趣を取り入れ、清々しくまといたいものです。ポイントは、眉上で切り揃えた短い前髪です。地毛ではなく、前髪のウィッグなどを利用してみるのもおすすめ。趣味の会に合う、個性派の装いの完成です。

絹糸の柔らかさを生かし、藍染めの大きな段絣地に格子を織りだした綾織りのきもの。きりりとした藍色が街になじむお出かけ着なので、趣のある織り帯を合わせれば都会的なコーディネートになります。スーツ感覚で着るワードローブとして、活躍する一着。きもの・帯／ともに銀座もとじ 和織　帯揚げ／宮川　帯締め／道明

# 浪漫薫る毛流れアレンジ

草木染めの織りのグラデーションが、
着る人を匂やかに見せる、鮮やかな群上紬。
個性的な色合わせのよそゆき紬には、
前髪の立ち上げをアクセントにした、
レトロモダンな毛流れを楽しむアレンジがお似合い。
上品さの中に、どこか余情を感じさせる髪型が魅力的です。

郡上八幡で織られた、織りのぼかしが美しい郡上紬は、しっかりした地質です。ほっこりした肌ざわりと深い色合いで、一度着ると忘れられないここちよさがあります。染め帯を合わせるのも素敵ですが、正倉院文様などの織り帯で少し格を上げる着こなしを楽しんでも。きもの・帯／ともに銀座もとじ 和織　帯締め／道明

# 端正なセンターパート

精巧な絣文様の紬のきものです。
染織作家の個性が光る一揃えは、昼のお出かけに。
センターパートが主張するまとめ髪で、お洒落に装いました。
トップに高さを出すことで前髪のわけ目が際立ち、
サイドへかかるフェイスラインの毛流れとともに、
丸みを帯びた美しいフォルムをつくりだしています。

染織作家・平山八重子さんの「灯影」と名づけられた作品。チョコレート色の階調で複雑な光と影の揺らぎをデザインしたもの。経《たて》糸に生糸、緯《よこ》糸に阿仙《あせん》やクールで染めた結城の手引き真綿糸を織り入れたきものです。美術展などに、上質の織りの袋帯で装って。きもの・帯／ともに銀座もとじ 和織　帯揚げ／宮川　帯締め／道明

# 柔和な表情の曲線美

優しげな薄紫色の段暈《ぼか》しが目を引く訪問着。
縞のラインが際立つきものには、
柔和な表情を誘う、女性らしい髪型でバランスをとって。
顔まわりはすっきりとまとめ、
片側に柔らかな曲線を描く、アシメトリーなあしらいにしました。
匂い立つような、フェミニンを表現しています。

座繰《ざぐ》り糸を出雲根紫《いずもむらさき》で染め、訪問着に織り上げた矢野まり子さんの作品「出雲路ー衣紫《きぬむらさき》」。朝日が昇る直前の、黎明の空をイメージした作品。白地に菊菱を織りだした帯に、中尊寺紐で全体を引き締めて。パーティシーンで輝く人に。きもの／矢野まり子　帯／美術工芸 啓　帯揚げ／加藤萬　帯締め／道明

# 小粋なリーゼント風ヘア

淡色のきものプラス淡色の帯の、春の取り合わせです。
どこまでも甘く可憐なシャーベットトーンに、
髪型にまで愛らしさを重ねるのは、少し野暮に映るもの。
ここは辛口のリーゼント風で、
アバンギャルドな雰囲気を取り入れて、すっきりとあか抜けた装いに。
観劇や食事会など、気軽なお出かけに向いています。

薄紅色と淡い刈安色を、大きく市松に染めた地色に、茜色の桜の小枝を散らしたさらりとした訪問着。甘い地色を潑剌と着たいお出かけ着です。浅葱色の正倉院文様袋帯に、帯締めの緋色できりりとさせたコーディネート。きもの・帯／ともに創作呉服 丸重多かはし　帯揚げ／和小物さくら　帯締め／道明

# 〝カジュアル〟女優ヘア解説

## 二四頁　ドレスにも似合うモダン髪

髪を扱いやすくする目的以外の、逆毛の使い方。髪の表面に立てて、柔らかな動きを出すことで、ふわふわとしたカールのようなアレンジが可能に。カチカチに立てるのはNG。

### HOW TO

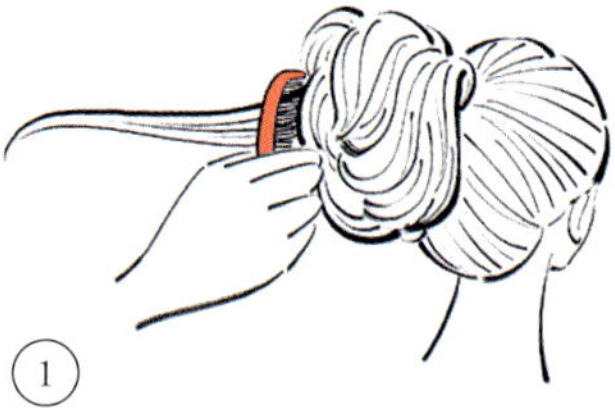

①
全体をイヤー・ツー・イヤーで前後に分けたら、後ろの髪をひとつ結びに。さらに前もまとめて1本のポニーテールにし、表面にコームで逆毛を立てる。

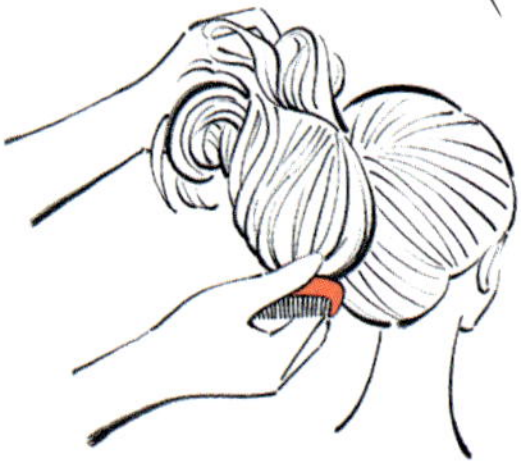

②
逆毛を立てた毛束を指で広げる。足りないところは、さらに逆毛を立てて、髪全体に動きが出るよう、柔らかく仕上げる。

③
広げてシニヨン風にしたら、シニヨンを片側に寄せて、ピンで固定する。前からアシメトリーに見えるよう、バランスを見ながら留める。

④
前から見たときの形を見ながら、毛束をダッカールで挟んだり、指でつまんでねじりながらカールをつくる。スプレーとドライヤーでキープする。

## 二六頁 可憐な風情の娘髪

前髪ウィッグをつけることを前提に考え出されたヘアスタイル。つけた部分を隠すため、高い位置でまとめたトップの毛束で飾り毛をつくり、カムフラージュしている。

### HOW TO

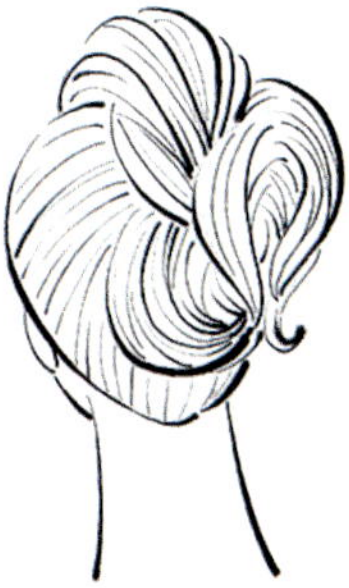

①
バックの髪をポニーテールにする。トップとフロントは逆毛を立て、表面を整えてから、前のほうでゴムで結ぶ。前髪ウィッグをピンで固定する。

②
トップとフロントの毛束に逆毛を立てて動きを出し、大きく1回ねじって、根元で固定。余った毛先はサイドで輪をつくり飾り毛にする。

③
バックの毛束は4等分にして、輪をつくる。全体にふんわり広がるよう、バランスを見ながらピンで留める。

## 二八頁 浪漫薫る毛流れアレンジ

サイドから後ろにかけての流麗な毛流れが美しいスタイル。毛先をしまい込むときは、毛流れが自然に見える位置を探すのがポイント。迷走すると台無しになるので要注意。

### HOW TO

①

バックの髪をまとめてゴムで結ぶ。毛束を2つに分け、すき毛を巻き込んで図のようなシニヨンを2つつくる。

②

トップとフロントに逆毛を立てたらブラシで面を整え、片側に倒すように毛流れをつくっていく。前髪の立ち上がり部分は、和ぐしで仮留めする。

③

そのままサイドへ流し、少し耳にかけてから後ろへ持っていく。後ろは図のようにカーブさせた毛流れをつくり、毛先はシニヨンに巻きつける。

## 三〇頁 端正なセンターパート

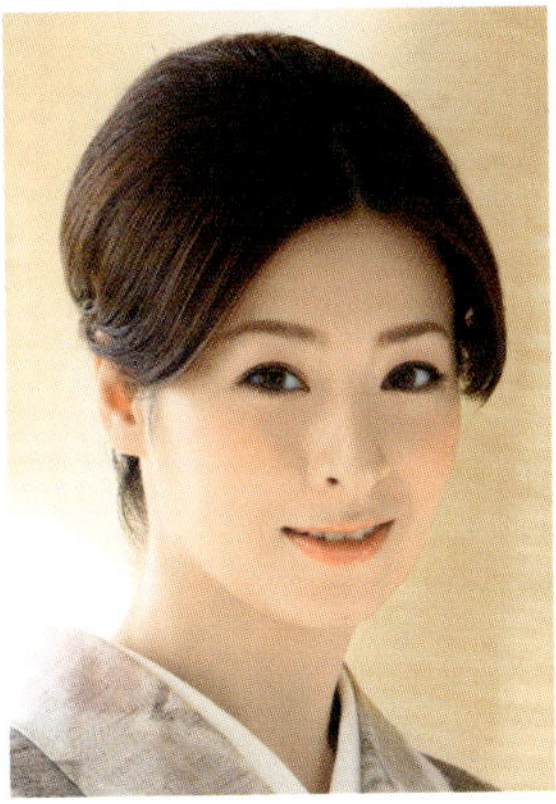

センターパートにした前髪から高さのあるトップまでの、エレガントな毛流れがポイントに。ブラシで丁寧にとかし、和ぐしでさらに面を整えて、ふんわりと仕上げたい。

HOW TO

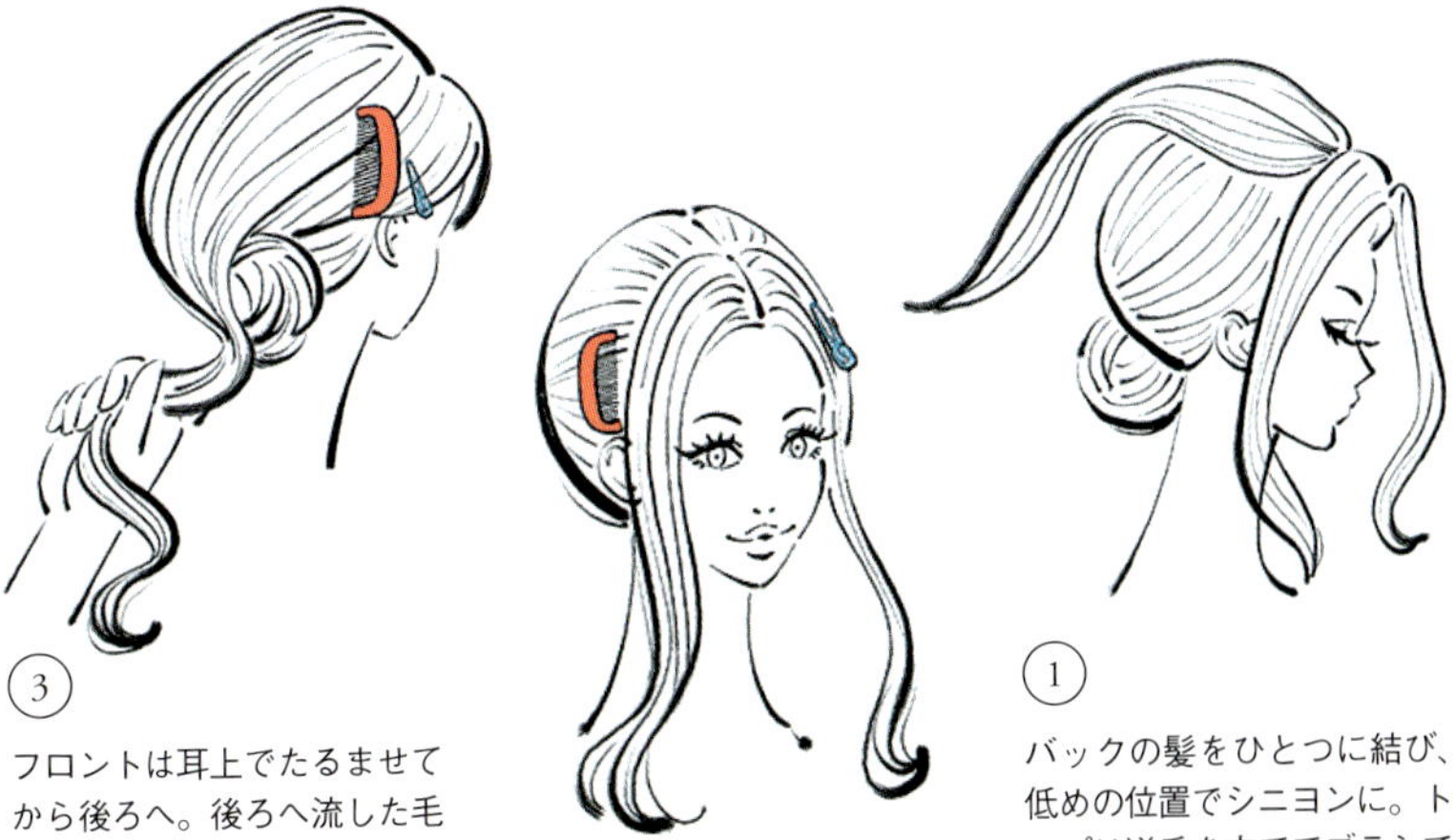

① バックの髪をひとつに結び、低めの位置でシニヨンに。トップは逆毛を立ててブラシで整え、フロントはセンターパートにする。

② トップの毛束は後ろのシニヨンへ流し、和ぐしで押さえて面を綺麗に整える。

③ フロントは耳上でたるませてから後ろへ。後ろへ流した毛束は、ブラシで面を整えてから毛先をねじって細くし、シニヨンの下にしまい込む。

## 三二頁 柔和な表情の曲線美

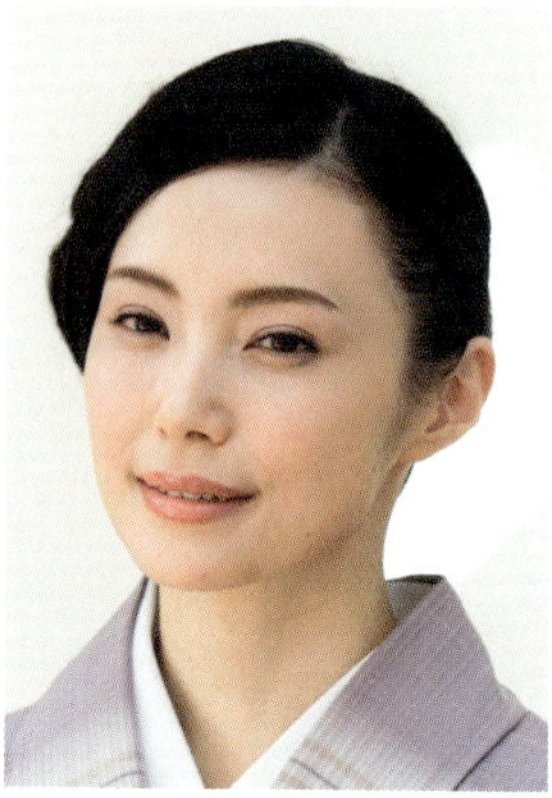

ふんわりとしたフロントからサイドの毛流れと、逆サイドのタイトな面のコントラストがポイントに。すき毛で膨らみをつくり、アシメトリーなデザインで柔らかさを強調して。

### HOW TO

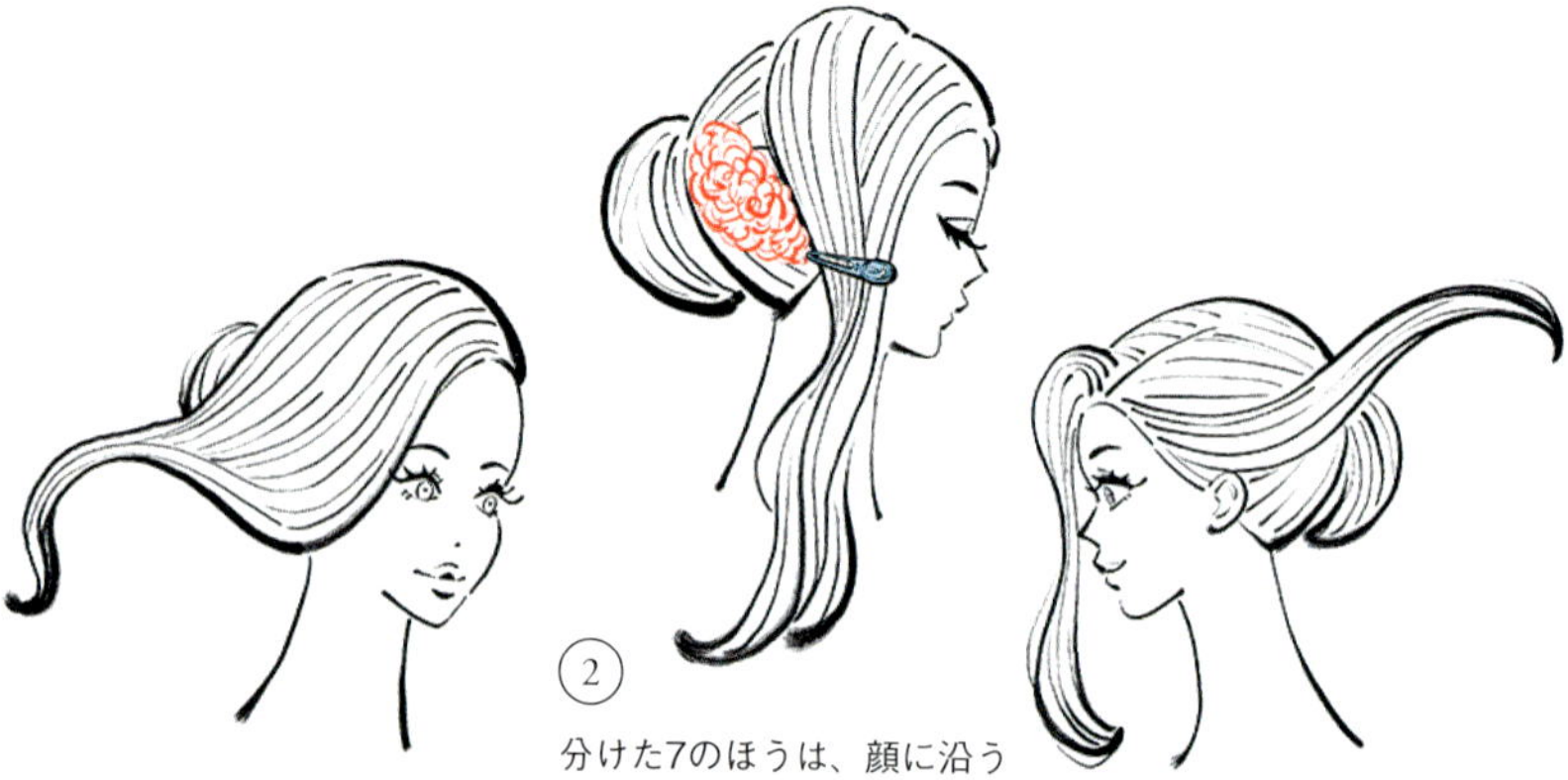

① フロントとトップ以外をひとつに結び、毛先にすき毛を入れてシニヨンに。残りの毛束に逆毛を立てたら7:3に分け、分けた3のほうはシニヨンに絡ませる。

② 分けた7のほうは、顔に沿う部分はタイトに、トップはふんわりさせたまま、ダッカールで仮留め。図の位置に三角形にしたすき毛を入れる。

③ そのままフェイスラインに沿って毛流れをつくる。耳横はたるませて後ろへ持っていき、シニヨンになじませる。

## 三四頁 小粋なリーゼント風ヘア

トップからの毛流れがつくる造形美。カーブ部分をダッカールでいくつも仮留めし、ソフトスプレーで形をキープする。ハードスプレーだと柔らかな質感が損なわれるので注意して。

HOW TO

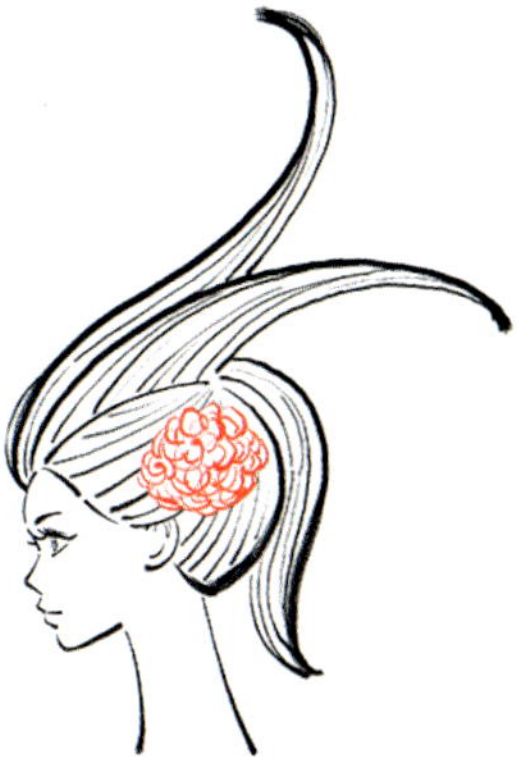

① バックの髪をひとつ結びに。フロントとトップは、中央を多めに3等分する。両耳の上にすき毛を入れる。

② 3等分にしたサイドの髪をすき毛にかぶせる。そのまま毛束を後ろへ持っていき、ピンで留める。中央の毛束に逆毛を立て、頭頂部でゆるめに結ぶ。

③ 結んだ毛束を前に倒し、高さを出しながらサイドへ持っていき、輪をつくる。

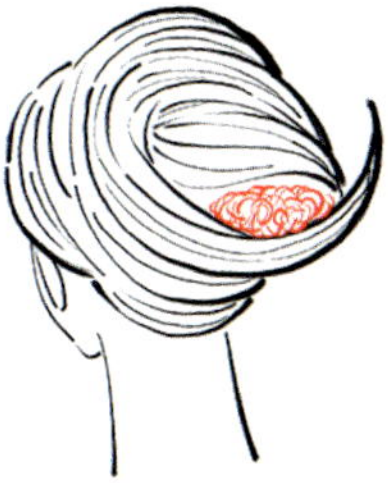

④ 後頭部にすき毛を入れたら、全毛束をすき毛に絡めるようにまとめ上げる。

〝カジュアル〟女優ヘア

# 〝正統派〟女優ヘア

# 祝意を表すまとめ髪

鴇《とき》色地に四季折々の花が咲く、雪輪模様の訪問着。結婚披露宴に列席する日にふさわしい、正統派の装いです。髪型も主張し過ぎないまとめ髪で慎ましやかに祝意を表すのが最適といえます。タイトな面で魅せるサイドに対して、トップはふんわりとしたボリュームを残し、今様に仕上げています。

初釜や結婚式に招かれた日に、お祝いの心を表すきものです。鴇色地に芝草を雪輪の描き文様で友禅し、凝った春秋の花々を繡《ぬ》いで添えた、まさに正統派というべき装い。黒地に菱花文を織りだした多彩色の袋帯も、礼装にふさわしいもの。きもの／長艸敏明（長艸繡巧房）　帯揚げ／加藤萬　帯締め／道明

# 美人が際立つ洗練ヘア

存在感のある群青色の訪問着には、個性が際立つ髪型を提案。
一見シンプルなまとめ髪に見えますが、
すっきり出した額に、品よく膨らんだトップのボリュームの、
全方向に美意識を張り巡らせたスタイルです。
ぐっとせり出した奥行きのある後ろのフォルムで、
女らしい、豊潤なエレガンスを感じさせています。

野々村仁清の「色絵芥子《けし》文茶壺」をテーマに創作した、刺繡の訪問着です。茶壺をそのまま写すのではなく、陶片の中に芥子が描かれているという構想の、機知に富んだデザイン。宝剣を織りだした袋帯で、刺繡の豪華さに合わせて。きもの／長艸敏明（長艸繡巧房）　帯／佐竹孝機業店　帯揚げ／加藤萬　帯締め／道明

# エキゾチックな三つ編み

コーディネートの主役は、正倉院文様の象を写した帯。
帯から漂うエキゾチックなたたずまいと呼応させ、
三つ編みのヘアピースをあしらいました。
手の込んだ髪型に見えますが、実は土台はシンプル。
シニヨンの形になったヘアピースがひとつあると、
アレンジの幅が広がり、重宝します。

正倉院北倉に納められた宝物「象木臈纈《ぞうきろうけちの》屏風《びょうぶ》」の雰囲気を絞りで描いた帯。織りのきものでこっくりとした着こなしも素敵ですが、少し緑を含んだ浅葱色に染めたきもので、晴れやかに装って。髪を結い上げきりりと装えば、染め帯もセミフォーマルに。帯・きもの／ともに京絞り寺田　帯揚げ／加藤萬　帯締め／道明

# 王道ヘアに漂う品格

友禅の藤文様の訪問着に、モダンな帯を合わせた都会的な着こなしです。
大人の女性が気高く、華やかに見えるよう、
オーソドックスなまとめ髪に、高さのある前髪アレンジで、
凜とした意志ある女性のたたずまいを演出しました。
すっきりと顔の輪郭を出したスリークな片側に、
まとう人のゆるぎない美しさを表現しています。

野々村仁清作、国宝「色絵藤花文茶壺」の文様からデザインした、優雅な藤のきものです。茶壺の白釉地を模して、やわらかな鳥の子色地に染め、動くたびに優雅に揺れる藤の枝を描きました。鎧《よろい》の威《おどし》を意匠化したモダンな帯で。きもの／きもの おがわ屋　帯／高松 や和らぎ たかす　帯揚げ／加藤萬　帯締め／道明

# 〃正統派〃女優ヘア解説

## 四四頁　祝意を表すまとめ髪

トップの膨らみを効かせて。逆毛でボリュームを出したら、極力膨らみに触れないようにするのがポイント。仕上げにソフトスプレーを使い、質感を壊さないよう固定する。

### HOW TO

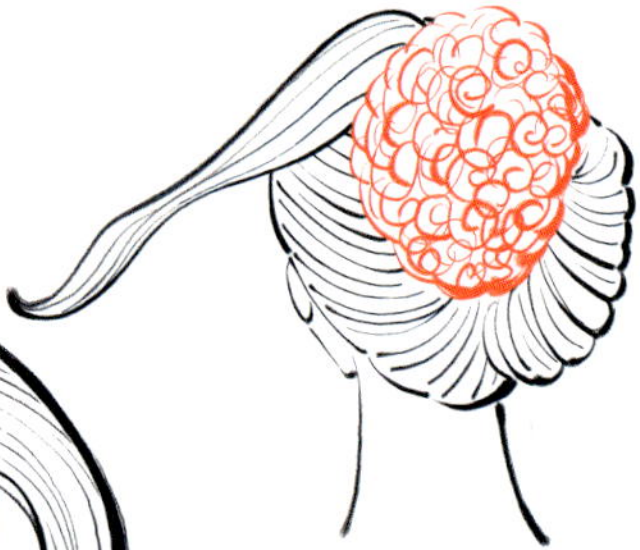

①
フロントとトップ以外の髪をまとめてポニーテールにする。毛先にすき毛を入れて巻き込み、縦ロールをつくったら、その横に図のように、さらにすき毛を固定する。

②
フロントとトップに逆毛を立てる。ブラシで表面をとかしながら、7:3に分ける。

③
そのままブラシでとかしながら片側へ流し、後ろへ持っていく。S字状に毛流れをつくり、バックのすき毛を覆うように毛先をしまい込む。

## 四六頁　美人が際立つ洗練ヘア

トップのボリュームにひと技あり。内側に逆毛をしっかり立てたら、一度毛束を真っすぐ前方に倒してから、後ろへ持っていく。そうすることで簡単にボリュームが出る。

### HOW TO

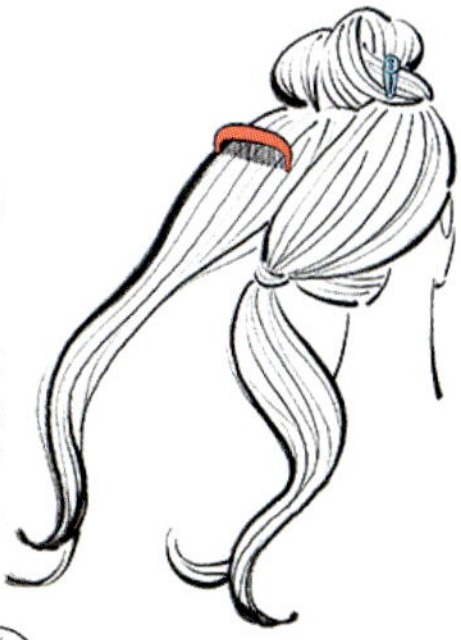

① フロントとトップ、後頭部の髪を残し、それ以外をひとつに結ぶ。後頭部の髪は逆毛を立てたら表面を整え、結び目でねじってピンで固定する。

② フロントとトップの毛束に逆毛を立てる。一度前に倒してから後ろへ持っていき、高さをだす。表面を整えてから、結び目でねじって固定。

③ 全毛束を5つに分け、それぞれ根元に逆毛を立ててから、すき毛を巻きつけてロールをつくり、毛束を広げてピンで固定。

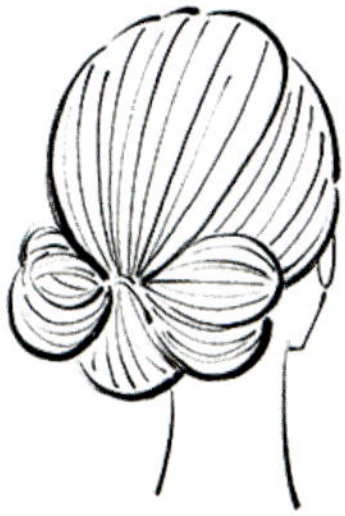

④ 5つできたロールは、重ねるようにして形をつくり、Uピンで固定する。バランスを整えて仕上げる。

## 四八頁 エキゾチックな三つ編み

ひとつあると便利な、カップ毛のアレンジ。不自然な"つけた感"が出ないよう、つける位置に注意。カップ毛と地毛の毛流れを合わせ、地毛となじませることで一体感を目指して。

※カップ毛:P.98参照

### HOW TO

① フロントとトップ以外の髪をポニーテールにする。その真下に、カップ毛をピンで固定する。襟足のラインに合わせるとつけた感が出ない。

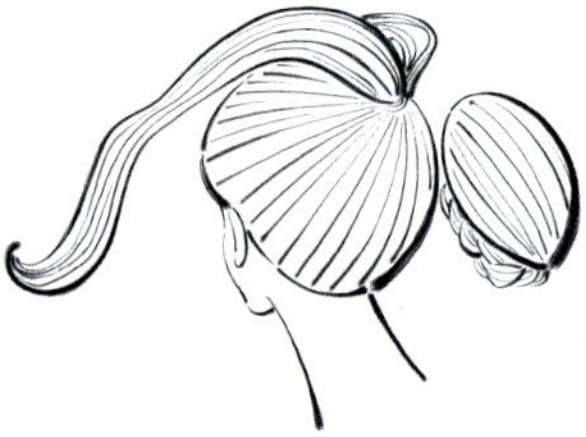

② ポニーテールを2等分し、左右それぞれカップ毛の輪郭に合わせて、図のように絡ませる。地毛と一緒にすることで、より一体感が増す。

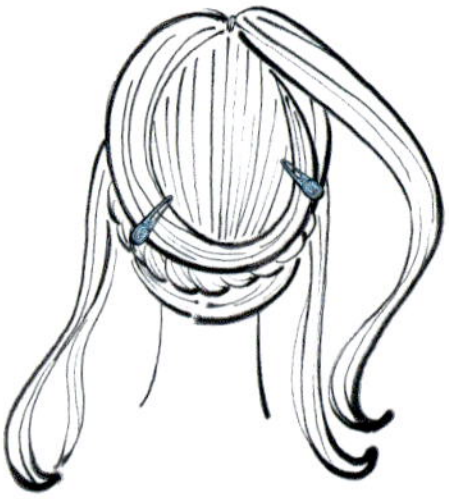

③ フロントとトップの髪は7:3に分け、3のほうを後ろへ持っていく。カップ毛の毛流れに合わせて一度下に流し、固定してから上になじませる。

④ 分けた7のほうを、2つに分ける。ひとつは同様に後ろへ。もうひとつは、ねじって高さを出してから、後ろのカップ毛となじませる。

## 五〇頁　王道ヘアに漂う品格

ぐっと立ち上げた前髪からサイドにかけての、美しいラインが目を引くヘア。毛流れをつくるときは強引に持っていかず、ブラシで少しずつ流れをつくり、和ぐしでなじませて。

### HOW TO

①

フロントとトップ以外の髪を低めの位置で結んだら、毛束を3等分にする。それぞれの毛束にすき毛を巻きつけて、シニヨンをつくる。

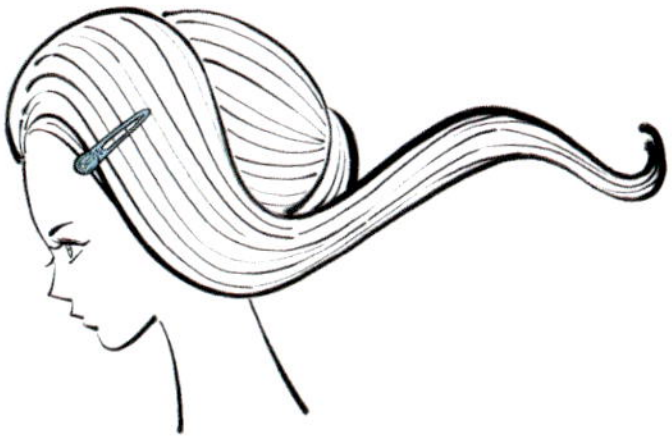

②

フロントとトップの毛束に逆毛を立てたら、片側に倒すようにブラシでとかして毛流れをつくる。前髪の立ち上げはダッカールで仮留めする。

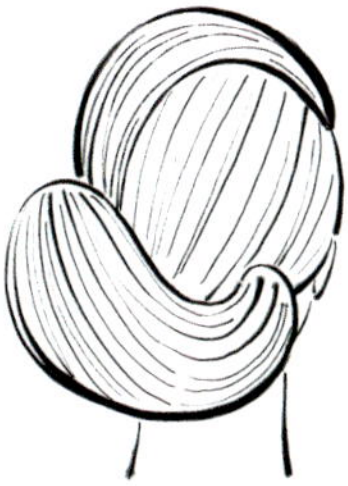

③

そのまま毛流れをサイドへ持っていき、耳横でたるませてダッカールを。耳下はピンで固定し、毛先はシニヨンにかぶせて図のようになじませる。

〝正統派〟女優ヘア

# 〝個性派〟女優ヘア

# モダンに愛らしく

ドレスのように装った、単色の現代的なコーディネートには、モダンな髪型で遊ぶ、パーティスタイルを提案します。鬢《びん》や髱《たぼ》など日本髪の要素を取り入れ、リボンのような飾り毛をアクセントにしています。独創的な艶めきを感じさせる新たなきもの髪は、集いの席の話題になりそうです。

秘色《ひそく》と呼ばれた青磁色の裾暈《ぼか》し地に、金の糸目友禅で牡丹を描いた訪問着。有職《ゆうそく》文様の三《み》重《え》襷《だすき》菊文を織りだした鳥の子色地の錦織袋帯で格を加えた装い。優しい雰囲気の、装う人の個性で完成するたおやかなきものです。きもの・帯／ともに銀座もとじ 和染 帯揚げ／宮川 帯締め／道明

# 飾り毛で遊ぶ今様ヘア

葡萄茶《えびちゃ》地に宝相華《ほうそうげ》文がリズミカルに配された訪問着。
きものの丸文をインスピレーション源に、
前髪にも円形の飾り毛をあしらった、今様なヘアスタイルです。
きものと髪型につながりを持たせることで、
全体がまとまり、上品さを生む秘密のテクニック。
メイクは強めに仕上げ、端正な表情を演出しています。

葡萄茶地に朱と金で宝相華文を描いた、豪華な訪問着です。波文様を多色で織りだした錦織袋帯を合わせて、宝相華文の渡来文様の雰囲気を生かしたコーディネート。濃い地のきものは、大きな会場で存在感を発揮します。きもの・帯／ともにきもの創り玉屋 銀座店　帯揚げ／和小物さくら　帯締め／道明

# 量感で見せるドラマチックヘア

古典的な模様である熨斗目《のしめ》を、織りで表した訪問着。
メリハリの効いた横段をすっきり着こなすため、
華やかな縦のボリュームヘアで、全身のバランスをとっています。
きもののきりりとした面持ちを、
柔らかなロールシニヨンで優しく調和させました。
春の日差しを思わせる装いに、着る人の若々しさを重ねて。

日に日に濃くなる春の木々の印象を織りだした、綾織りの熨斗目訪問着。藍を染めた上に刈安をかけ、緑の段に染めた糸で織り上げた、優しい肌ざわりのきものです。熨斗目のきものは武士の裃《かみしも》の下に着るきものでしたから、凜とした気分で着たいもの。きもの／本郷孝文（本郷織物工房）　帯／銀座もとじ 和織　帯揚げ／加藤萬　帯締め／道明

# 個性的に装う飾り毛

絞り染めで紅葉を表した、華やかな訪問着です。
華やぎを髪にも表すように、
地毛でつくった飾り毛でアクセントをあしらい、
上品なレトロモダンを表現しました。
しゃれ味を感じさせるヘアスタイルは、
パーティの場で、会話のきっかけにもなりそうです。

しっとりとした綸子地に帽子絞りで紅葉文様を絞り、蘇芳《すおう》色に染めた訪問着。染め残した白い紅葉の中に、小紋柄や葉脈を金彩で彩った、華やかで着映えがするきものです。インカ文様を織りだした趣味性の高い袋帯で、個性的に装って。きもの・帯／ともに創作呉服 丸重多かはし　帯揚げ／宮川　帯締め／道明

# 洒脱なポンパドール

格調高い和楽器文様の洗練されたコーディネートです。
まとめ髪を考えるうえで、インスピレーション源となったのが、
きものの空間を彩る、金・黒・白・緋色の横段です。
古典を現代的にデザインしたイメージを汲み取り、
ポンパドールの雰囲気で前髪を膨らませた、今風のヘアにしています。
髪で遊び心を表すのも、また一興です。

清々しい浅葱《あさぎ》色地に、笛、琵琶、小鼓などの和楽器を配した訪問着です。和楽器の空間に、金、黒、緋色の段を絶妙な間隔で描いた、リズム感のある今様フォーマルにふさわしいもの。唐織の菱襷《ひしだすき》文様の袋帯が、更に格調を加えています。きもの・帯／ともにきもの創り玉屋　福岡店
帯揚げ／和小物さくら　帯締め／道明

# 手の込んだ美シルエット

モードとして着こなしたい、主張のある装いです。きものヘアに定石のトップの高さをあえて封印し、顔まわりを覆う優雅なシルエットで、個性を表しました。上級者のきものの着こなしには、あご先と襟足の高さを揃えるなど、計算されたシルエットが生む、隙のないヘアが似合います。映画のワンシーンのような、深遠なたたずまいに仕上がりました。

褐色地に金彩で霞を描き、七宝文様を飛ばした簡潔なデザインの訪問着です。古典模様をさらりと着こなす都会的なコーディネート。個性的に装いたい日は、少しだけトーンの違う同系色の上質な帯を合わせ、帯締めの色彩で季節感を表して。きもの・帯／ともに豊中・織元　帯揚げ／加藤萬　帯締め／道明

# ″個性派″女優ヘア解説

## 五八頁 モダンに愛らしく

日本髪風の髱《たぼ》や鬢《びん》に挑戦したヘア。すき毛とともに、日本髪特有の折り目のような毛流れが重要になるので、丁寧にブラシでとかし、面を整えてから髪を折り返す手順を忘れずに。

### HOW TO

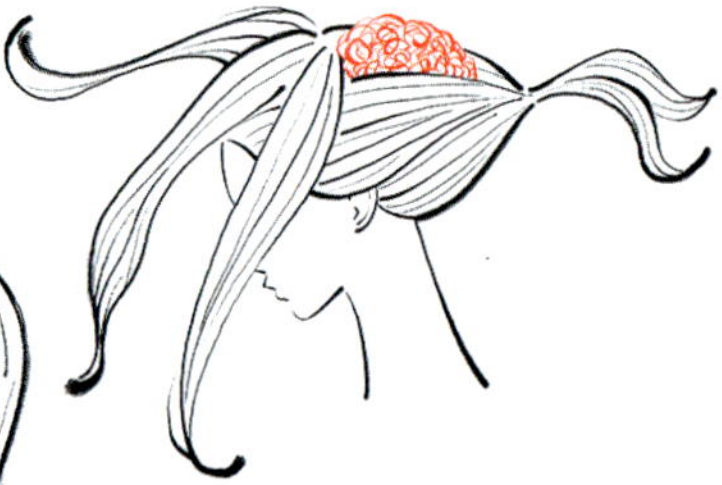

①

後頭部の髪をひとつに結び、その上にすき毛を固定して土台をつくる。残りのバックの髪に逆毛を立ててブラシでまとめ、低めの位置でゆるめのひとつ結びに。

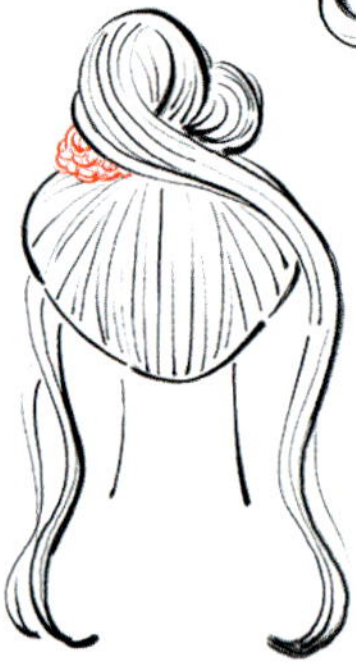

②

ゆるめのひとつ結びを上に折り返して固定すると、髱ができる。サイドの髪に逆毛を立て、すき毛を入れて膨らませ、後ろへなじませる。

③

フロントに逆毛を立て、ブラシでなじませてからひとつに結び、結び目を押し上げて高さを出す。残った毛束でリボン状の飾り毛をいくつもつくり、ピンで固定する。

# 六〇頁　飾り毛で遊ぶ今様ヘア

飾り毛などで複雑なあしらいをつくるときは、扱う毛束の毛量が重要に。多いと作業が大変になるので、表面のみ。扱いやすい量に調節してからすすめると一気にラクになる。

## HOW TO

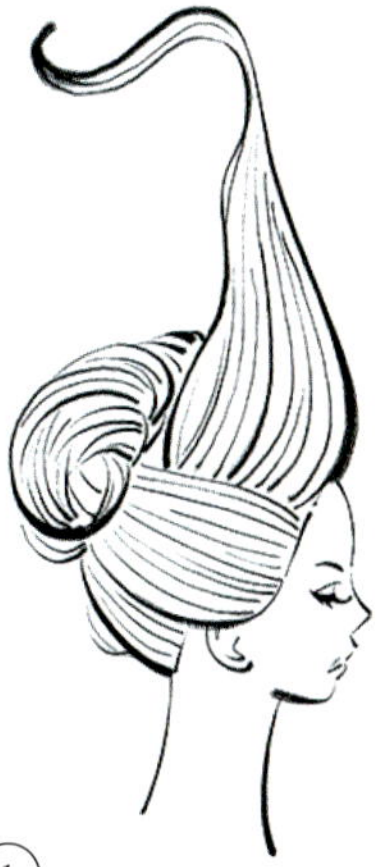

①

バックをひとつ結びにし、結び目を少し持ち上げてピンで固定する。毛先はゆるく丸めてシニヨンをつくる。フロントとトップは逆毛を立て、三角の毛束にする。

②

三角の毛束を前後の2つに分ける。前側はブラシで毛流れをつくりながら、片側に倒す。折り曲げる部分をダッカールで仮留めする。

③

そのままS字ラインをつくってから、輪にして毛先をしまい込み、ピンで固定。残った後ろ側は、バックに流してシニヨンに絡ませる。

## 六二頁　量感で見せるドラマチックヘア

※張り毛:P.98参照

すき毛でつくったロールシニヨンに、張り毛を重ねたドラマチックなヘア。ロールは向きが揃ってしまうと古風に見える原因に。ランダムに配してセンスよく見せるのがコツ。

### HOW TO

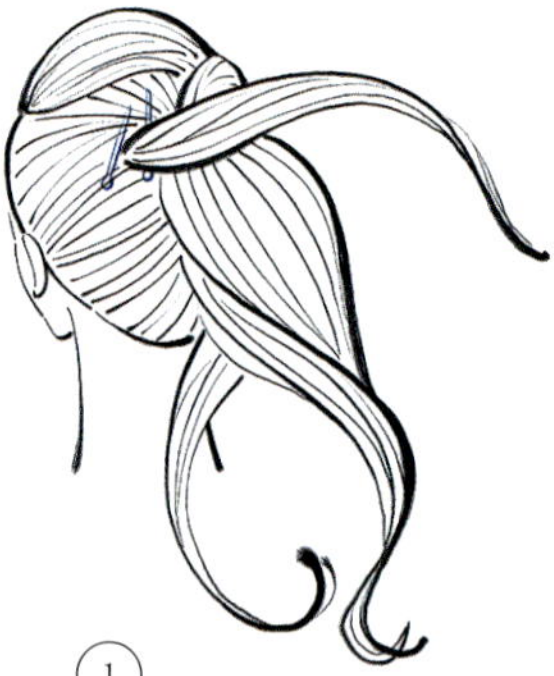

①

髪全体をイヤー・ツー・イヤーで前後に分けたら、前側をさらに3等分する。後ろはポニーテールにまとめる。3等分にした前側の、中央をポンパドールに、両サイドは後ろでねじって固定する。

②

全毛束を6等分にし、それぞれ逆毛を立て、すき毛を巻いてロールをつくる。

③

ロールは、前から見たときにランダムに見えるよう、向きを調整しながらUピンでつないで形を整える。さらにバランスを見て、張り毛をつける。

六四頁

## 個性的に装う飾り毛

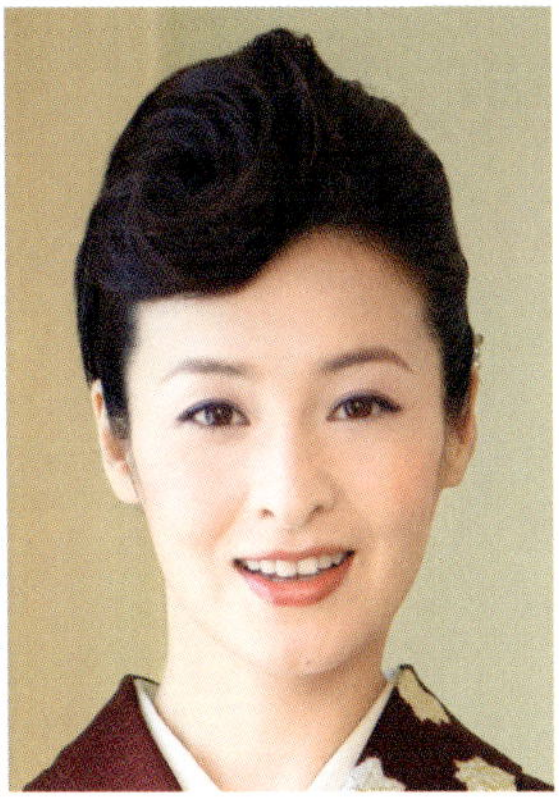

飾り毛がアクセサリーの役割を果たすお洒落なスタイル。飾り毛がフェイスラインにかかる割合は、顔とのバランスを見ながら、自分に似合う位置を探すこと。

### HOW TO

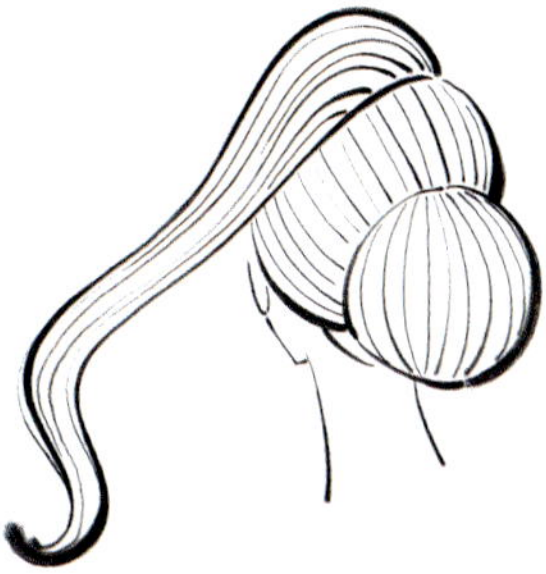

①
フロントとトップ以外の髪をポニーテールにし、毛先にすき毛を入れて巻き込み、シニヨンに。フロントとトップは前後に分け、後ろ側はシニヨンに絡めて固定する。

②
前側は逆毛を立て、表面をブラシでとかす。前髪の立ち上げ部分をダッカールで仮留めしてから片側に倒し、ピンで固定する。

③
そのまま、くるくると輪をつくって毛先をしまい込み、飾り毛をつくる。ソフトスプレーでキープする。

六六頁

## 洒脱なポンパドール

ラフな質感を残した、軽やかなポンパドール風ヘア。サイドはタイトにまとめることで、きものに似合うきちんと感を完備。今っぽい、抜け感を楽しみたい。

### HOW TO

①
フロントとトップ以外の髪をひとつにまとめて、ポニーテールにする。内側にすき毛を入れて固定する

②
フロントとトップに逆毛を立て、表面を整える。毛束を頭頂部でざっくりまとめたら、ぐっと押し上げてピンで固定し、ポンパドール風にする。

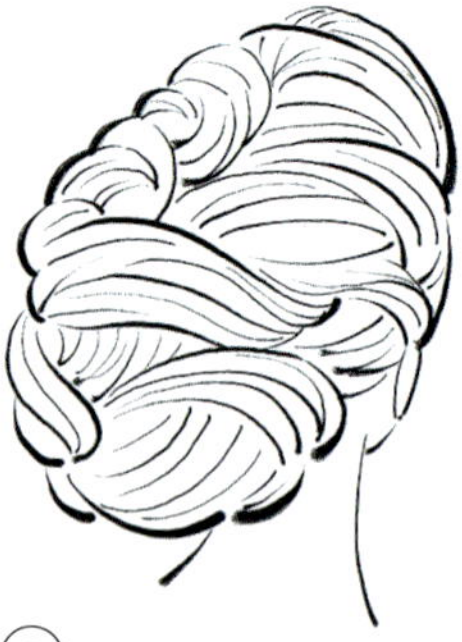

③
ポンパドール風の毛束を、外側の髪のみ、右左交互にすくってはねじり、すくってはねじって固定していく。毛先はシニヨンになじませる。

六八頁

# 手の込んだ美シルエット

ポイントとなるのは毛流れ。センターパートにした前髪、両サイド、バック。この3つの毛流れの分岐点がくっきり出ないよう、ブラシで自然になじませて、扇のように広げるのがコツ。

## HOW TO

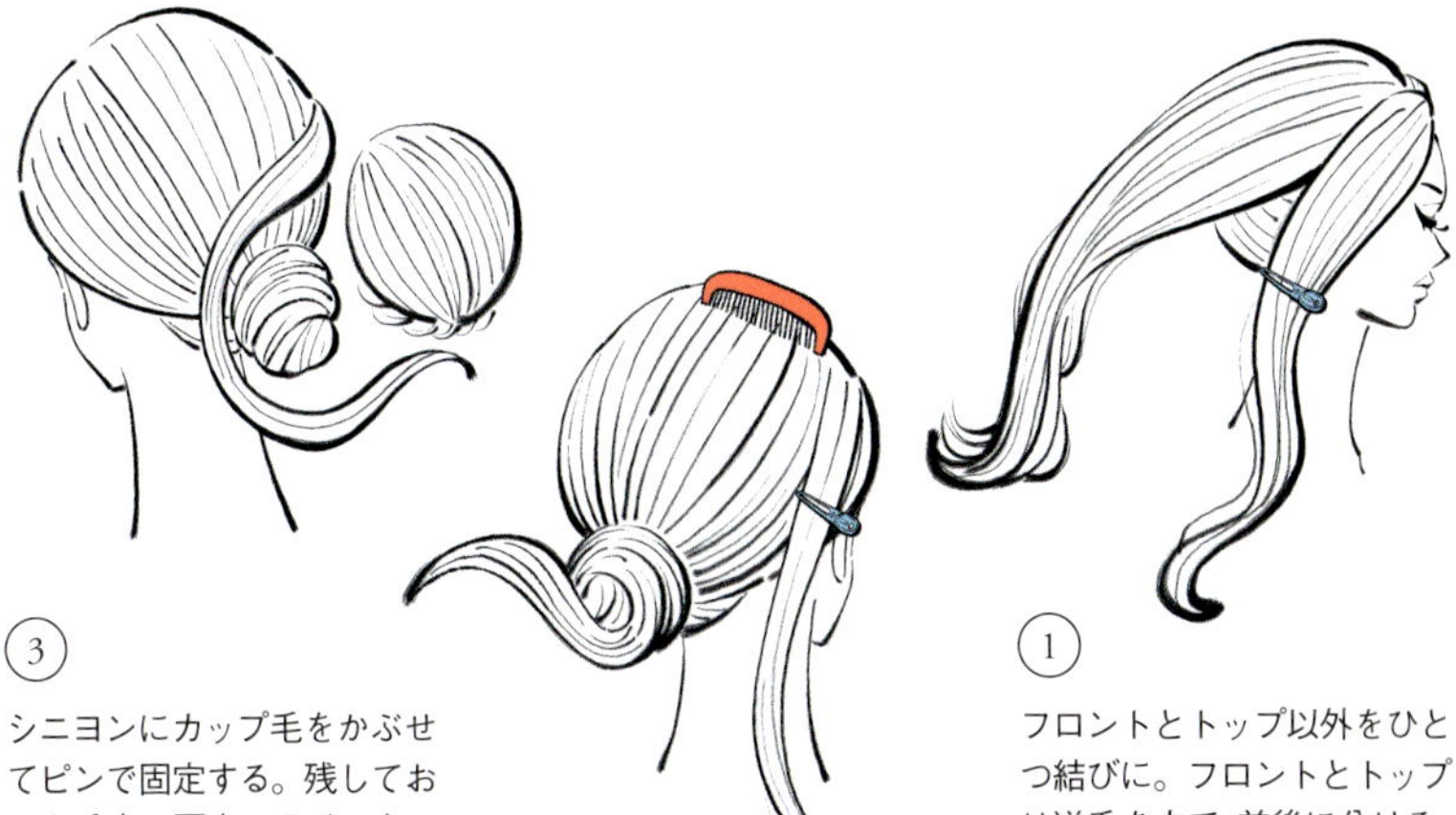

① フロントとトップ以外をひとつ結びに。フロントとトップは逆毛を立て、前後に分ける。前側はセンターパートに、後ろ側はバックとなじませる。

② センターパートにした毛束は、ダッカールで仮留めし残しておく。後ろ側はひとつ結びの結び目に絡ませ、全体をねじって小さめのシニヨンに。

③ シニヨンにカップ毛をかぶせてピンで固定する。残しておいた毛束は耳上でラインをつくり、カップ毛となじませる。余裕があれば、さらに張り毛をプラスしても。

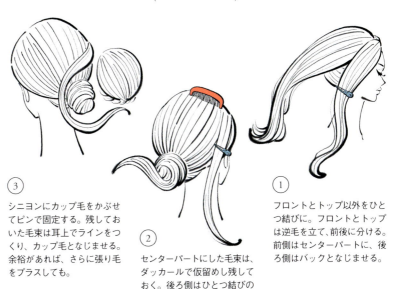

〝個性派〟女優ヘア

第二章

# 黒田流・メソッド

## 基本編

# 美しい〝まとめ髪〟基本の「き」

黒田流で提案するのは、王道8割、遊び心2割のまとめ髪。きもののマナーや、まとめ髪の基本を踏まえたうえで、柔らかな質感を残した、今っぽいまとめ髪をお教えします。基本をマスターすれば、あとは発想次第でアレンジ自在。きっと、まとめ髪がもっと楽しくなるはずです。

# アレンジ自在な黒田流・メソッド

まとめ髪は苦手という方に、目から鱗の黒田流メソッドをお教えします。土台をつくるまでは同じ、あとはフロントとバックのアレンジを替えるだけ。それだけで、他はいじらなくても、自在に変化をつけられます。

## “フロントとバックの変化だけでアレンジ自在!”

### Front
### 髪型の印象を決定づけるフロント部分

前髪ひとつでアレンジ自在！ バックのシニヨンはそのままでも、前髪の毛束の持っていき方だけで、如何様にも印象を変えられます。

**例えば…** ぴっちりと横に流す、センターパートにする、カーブをつけて飾り毛にする、ポンパドール風に立ち上げる、オールバックにするなど。

### Back
### 和髪らしい上品な奥行きのバック部分

ちょっとした位置の違いで印象が変化！ サイドからの毛流れと一緒に、シニヨンの高さや形など、発想豊かに組み合わせてください。

**例えば…** シニヨンの高さは、上なのか、真ん中なのか、下なのか。形は、横に広げるのか、縦長なのか、とんがっているのか。サイズも重要な要素。

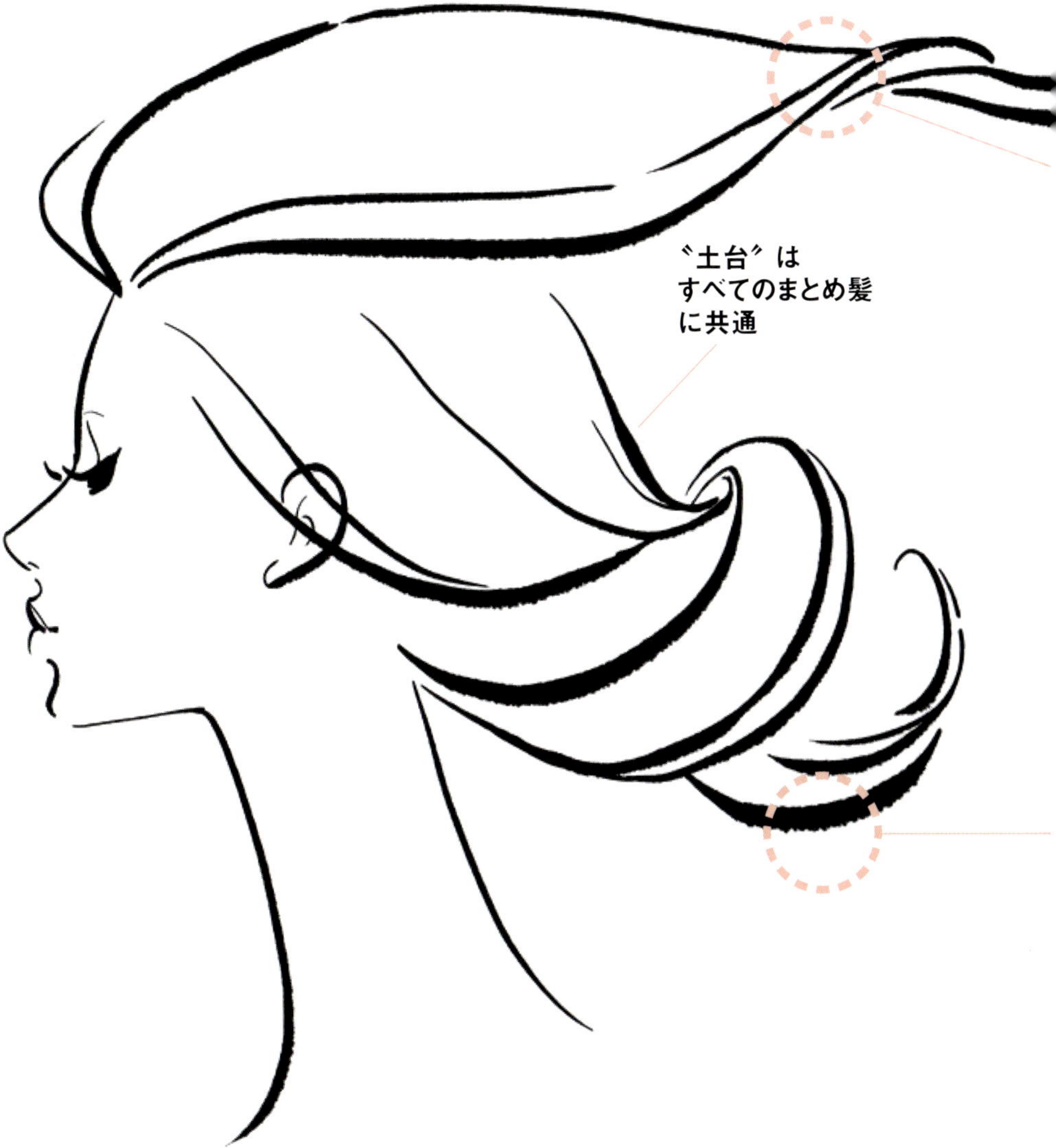
〝土台〟は
すべてのまとめ髪
に共通

# まとめ髪がみるみる上達する黒田流・メソッドのコツ

いじる髪の量は多過ぎ厳禁！　表面の髪のみをターゲットに毛量を少なくすれば簡単です。

毛流れをつくるときのコツ。すべての髪を扱おうとすると量が多くて大変！　表面の髪のみだと、一気に簡単に。

逆毛を立てたら、表面のみをブラシでとかすべし！　間違っても中までとかさないで。

逆毛のあとのブラッシングは、表面のみをなでるようにするのが正解。中までとかすと、せっかくつくった逆毛が取れてしまう。

まとめ髪の基本は
土台にあり！
ここができてないと、
崩れてくるし、
迷走します。

最終的に毛先をどこかにしまい込む必要があるアップヘア。そのための土台ができていないと、行き場を失い、まとまらない。

まとめ髪は
「急がば回れ」と心得よ。
毛先をしまい込む
ときも、落ち着いて
やれば大丈夫。

毛先をしまい込むとき、焦っていい加減に留めてしまうと、毛流れが不自然になり台無しに。最後まで丁寧に仕上げて。

毛流れは、全体の
一体感を意識すべし。
前の髪を後ろへ流す
ときは、シニヨンの
毛流れに合わせて。

例えばシニヨンが下向きなら、前の髪も下向きに後ろへ流す。上向きなのか、下向きなのか、毛流れのラインを揃えると品よく見える。

基本プロセス

# カーラーで髪全体を巻いたあとブロッキングする

髪を扱いやすくするため、事前にホットカーラーで巻いておきます。巻き終わったらブラッシングで毛流れを整え、髪型に合ったブロッキングをします。

ブロッキングは、いわばまとめ髪の設計図のようなもの。しっかり仕上がりを想定してブロッキングを。ここでは6つに分けた。

POINT

### 耳横のラインは斜め上にとる

サイドを分けるラインは、平行ではなく斜め上のラインでとるのがポイント。前から見たときに後ろの毛束が見えず、仕上がりが綺麗に。

POINT

### ベース部分は楕円の形にとる

まとめ髪に欠かせない土台をつくるベースは、楕円にとるのが基本。髪が短いときは長めの楕円にして、襟足の髪が土台に届くよう調整を。

\ ひとことアドバイス /

**ホットカーラーは**
**きちんと巻かなくてOK!**

顔まわりのみ、立ち上がっていれば大丈夫。後ろは毛先が巻かれていれば、どんな巻き方でも◎。

**巻いたあとは**
**丁寧にブラッシングを**

美しい毛流れや面がポイントとなる和髪。ブラッシングでツヤと毛流れを整えるのを忘れずに。

**ブロッキングは**
**髪の長さや毛量によって替えて**

望んだ髪型にならないのは、ブロッキングに問題ありかも。長さや毛量、生え方によって調整を。

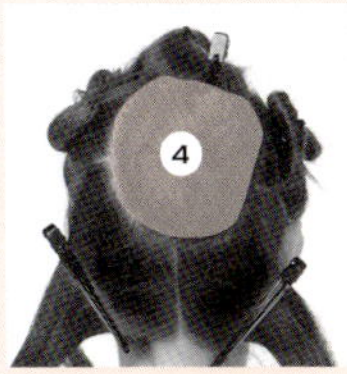


# まとめ髪のベースとなる"土台"を❹につくる

すべてのまとめ髪に土台は必須です。これがないと、しっかり毛束を固定することができず、ヘアが崩れる原因に。

## 1／ひとつに束ねる

崩れ防止のため、太めのゴムで3回ほど巻いてから、きつく結ぶ。

## 2／三つ編みにする

頑丈な土台にするため、三つ編みにして毛先を細めのゴムで結ぶ。

## 3／三つ編みでシニヨンをつくる

根元を中心に三つ編みを巻きつけて、小さめのシニヨンにする。

## 4／ピンでしっかり固定する

ピンでシニヨンを固定する。強固なシニヨンになるようしっかり留めて。

浴衣／竺仙

## 5／シニヨンにすき毛をかぶせる

土台の面積に合わせたすき毛をかぶせる。地毛よりも安定感が増す。

Check!

◆すき毛とは？

「あんこ」ともいわれる人造毛。結髪の形を整えたり、ボリュームを出すときに便利。

**すき毛をかぶせる**

すき毛の中心部を凹まし、シニヨンの凸部にかぶせる。

**ピンで固定する**

ピンでしっかり固定し、崩れてこないよう安定させる。

＼ひとことアドバイス／

**土台ができていないと崩れてくるし、迷走します**

土台はメイクアップと同じ。ここができていないと、あとから崩れたり、毛束がうまくまとまらず、迷走することに。

# バックの髪、❺と❻をまとめる

奥行きのある膨らみはキープしつつ、襟足は毛束が落ちてこないよう整えるのが鉄則です。

## 1 根元から中間に、逆毛を立てる

フォルムを形づくるポイント。根元を中心に、毛束の内側にしっかり立てる。

**逆毛を立てる前**

髪全体がサラサラで、扱いにくい状態。

**ライトスプレーをする**

髪に吹きかけると、逆毛が立てやすくなる。

**コームで逆毛を立てる**

毛束をとり、頭皮に対して垂直に立てる。

### 両サイドとも逆毛を立てた状態

POINT **毛束が十分に膨らんでいる**

髪がたっぷりと膨らみ、ボリュームのある状態を目指して。特に根元を密に立てると、広がりやすくなる。

**Check!**

◆ **なぜ逆毛が必要なの？**

髪が扱いやすくなり、毛流れやフォルムが楽に決まる。ボリュームが出るので、すき毛の代わりにも。

## 2 すき毛で髱《たぼ》をつくる

たおやかな膨らみを演出するため、先ほどより小さなすき毛を、後頭部に固定する。

ひと手間

すき毛を少量手に取り、楕円に丸める。のちのち形になるので、ムラなく丁寧にまとめて。

## 3 逆毛の表面をブラシで整える

逆毛を立てた毛束をとり、内側と外側の表面のみをブラッシングして整える。

外側

内側

\ ひとことアドバイス /

**逆毛を立てたあとは ブラッシングするのがお約束**

あくまで毛束の表面のみ、ブラシの毛先でなでるように整える。中までとかすと逆毛が取れてしまうので注意して。

## 4 片側ずつ、ねじり上げて固定する

片側ずつ手にとり、ひっぱり上げるようにして毛先をねじり、土台に固定する。

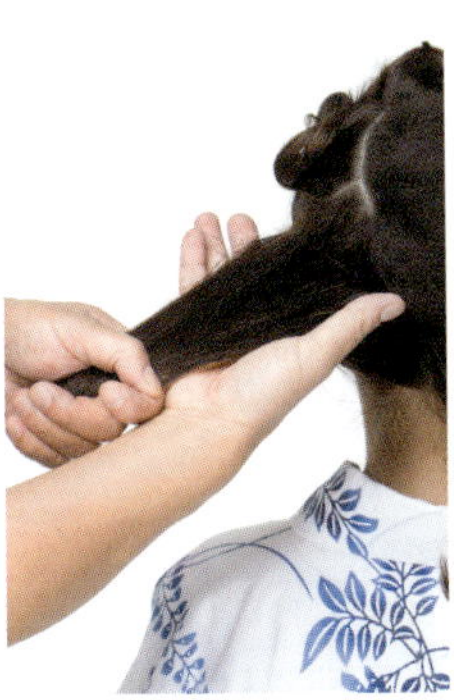

**毛束を手にとる**

面になった毛束を、斜め下にひっぱり出す。

**そのままねじり上げる**

毛先を持ってねじり上げ、土台に寄せていく。

**ピンで土台に固定する**

襟足にたるみがない状態で、ピンで固定する。

## 片側ができた状態

POINT

**膨らみのある鬢ができている**

逆毛とすき毛のボリュームにより、たおやかな雰囲気を演出する鬢がある。

POINT

**和髪特有の三角コーナーがある**

面になった毛束を折り返すことでできる、三角コーナーの毛流れがある。

## 5 襟足の後れ毛を整髪料でまとめる

ここがぴしっと整っていないと、だらしのない雰囲気に。ウルトラハードのスプレーで固定すると1日持つ。

### ひと手間

直にスプレーすると、余分なところについて髪の質感が損なわれる恐れも。一度、コームや刷毛に吹きかけてから襟足になでつけて。

## 襟足が綺麗にできた状態

POINT

**襟足が綺麗に処理されている**

後れ毛がパラパラと落ちてくることなく、しっかりなでつけられている状態が理想。

＼ ひとことアドバイス ／

**襟足に使用する整髪料はオイル系は避けて**

きものの衿が汚れたら大変！ ワックスやジェルなどは極力避けて、スプレータイプをコームや刷毛で使用して。

## 6 逆側も、ねじり上げて固定する

逆側も同様に。毛先を持ってねじり上げ、先ほどの毛束と交差させるように、土台に固定する。

## 7 毛先を落ち着かせる

バラけている毛先をコームでなじませる。こうすることで、次の工程がやりやすくなる。

**コームで毛先を整える**

コームで毛先をとかし、毛流れを整える。

**毛先をピンで留める**

毛先をしまい込み、ピンで固定する。

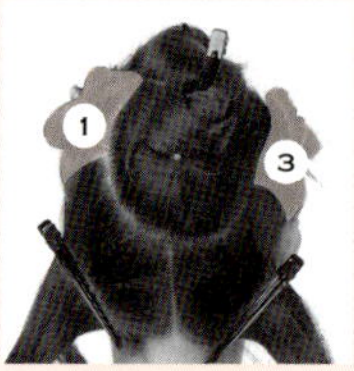


# サイドの髪、❶と❸をまとめる

バックの毛流れと自然につなぐことで、エレガントに見えるサイドの処理。逆毛を立てて、タイトにまとめます。

## 1／根元から中間に、逆毛を立てる

ライトスプレーを吹きかけたら、根元を中心に毛束の内側にしっかり立てる。

根元

根元から5cm

中間

**根元から、強・中・弱のイメージで**

コームを使ってリズミカルに。根元→根元から5㎝→中間を、強･中･弱のイメージで。

## 2／逆毛の表面をブラシで整える

逆毛を立てた毛束をとり、内側と外側の表面のみをブラッシングして整える。耳上まで丁寧に。

内側

外側

＼ ひとことアドバイス ／

**毛束を持つ手の位置は、次の工程を考えて要領よく**

何度も手を持ち替えなくてもいいように、いつも次の工程を頭に入れながら動かして。手で持った所がピンの留めどころ！

## 3 ひっぱり上げて固定する

面を揃えた毛束をとり、折り曲げるように土台に寄せていき、ピンで固定する。

毛先を手に持つ

面を揃えた毛束をとり、毛先を持って土台に寄せていく。

土台にピンで固定する

毛先を土台に絡ませ、ピンで固定する。

整髪料でまとめる

少し離れた位置から、スプレーを吹きかける。

## ここまでの状態

Back

土台をつくったあと、バックとサイドの処理が完成し、残りは毛先の処理を残すのみ。

Front

サイドはぴしっとタイトにまとめられ、前髪の処理はまだ手つかずの状態。

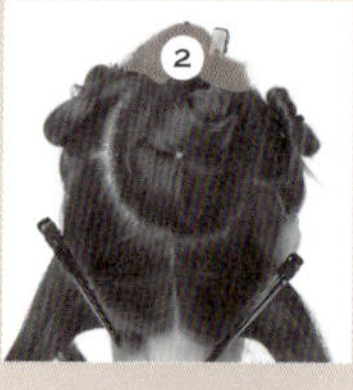

# フロントの髪、❷をまとめる

まとめ髪の印象を左右する、前髪のアレンジ。顔立ちとのバランスを見ながら自分に似合うポイントを探しましょう。

## 1／根元から中間に逆毛を立てる

フォルムを形づくるポイント。根元を中心に、毛束の内側にしっかり立てる。

**ライトスプレーをする**

髪にスプレーすると、逆毛が立てやすくなる。

**コームで逆毛を立てる**

根元を中心に、毛束の中間まで逆毛を立てる。

## 2／逆毛の表面をブラシで整える

逆毛を立てた毛束をとり、生え際から毛先まで、ブラッシングして整える。

生え際

毛先

## 3 トップに高さを出しながら、毛流れをつくる

ブラシで少量ずつ毛の向きを調節し、和ぐしで押さえながら毛流れをつくっていく。トップに高さを出し、後ろの土台へとなじませる。

**毛束を片側に倒す**

ブラッシングしながら、毛の向きを片側へ持っていく。

**和ぐしで毛流れを押さえる**

毛束を倒し、高さを出した所で、和ぐしで仮留めする。

**ダッカールで仮留めする**

後ろへ流す分岐点を、ダッカールで仮留めする。

**毛束で後ろの土台を隠す**

ブラシでとかしながら、土台を覆うように持っていく。

**毛先を自然になじませる**

土台の毛流れに合わせるように、毛先をなじませていく。

**ソフトスプレーで固める**

ソフトスプレーで髪全体をキープし、面を整える。

### \ ひとことアドバイス /

**髪の多い人は**
**毛流れをつくる毛束を少なめに**

すべての髪の毛をいじろうとすると、毛先の処理が一気に難しく。毛量の多い人はブロッキング時に調整を。

# 和ぐし＆ダッカールをはずし
# スモールピンやUピンで仕上げる

スプレーが乾いたら、和ぐしやダッカールをはずしていきます。落ちてきそうな箇所はピンで、毛先が出てくる箇所はUピンで固定。

**逆サイド**

こちらも同様に。大きくカーブする部分にピンをひっかけて、ひねるようにして固定する。

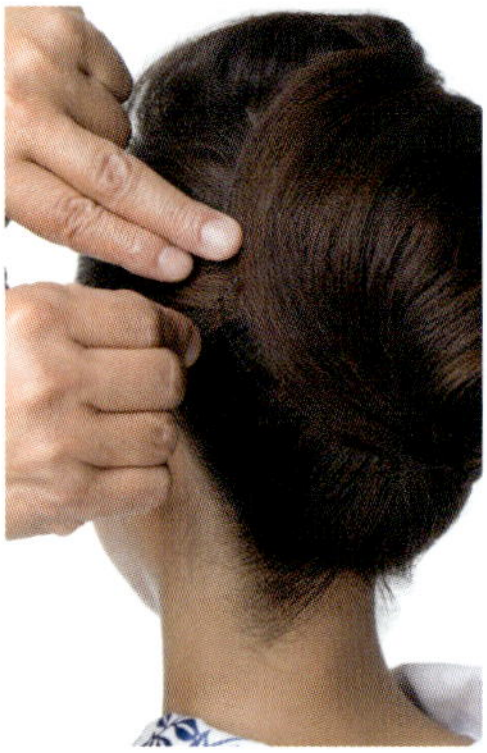

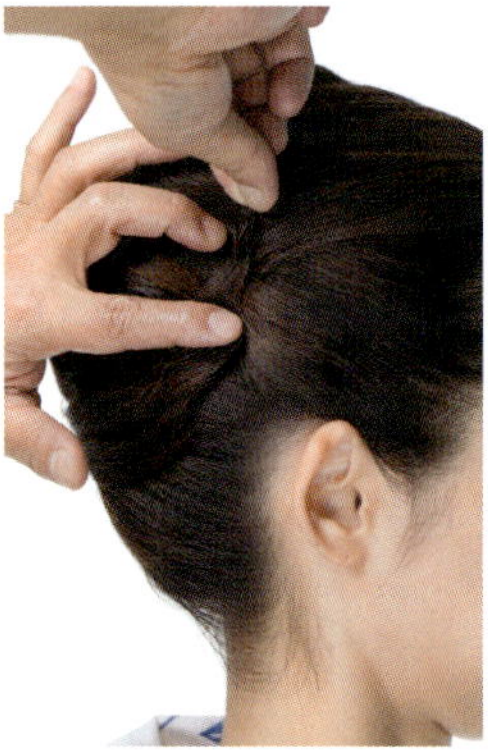

**サイド**

落ちてきそうなカーブの部分にピンをひっかけて、ひねるようにして固定する。

**襟足**

余分な後れ毛やたるみがあれば、ピンでタイトにまとめる。

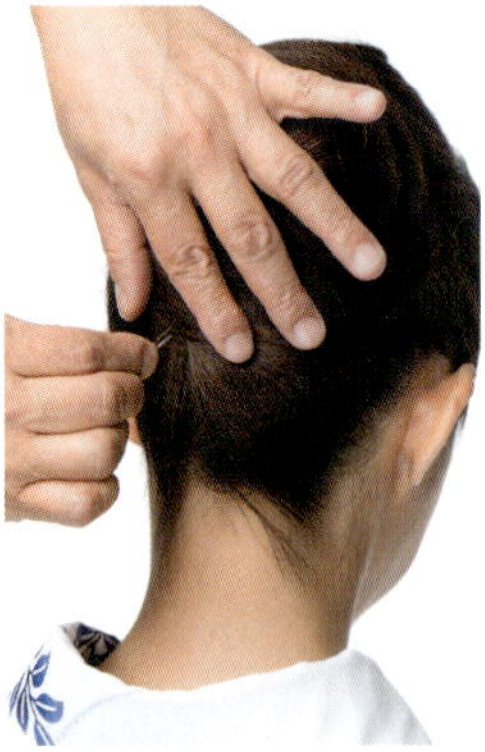

**トップ**

ふんわりとした毛流れや、柔らかな質感を崩さないよう、Uピンで留める。

**＼ ひとことアドバイス ／**

**ピンは差し込んでから**
**ひねって留めると抜けにくい**

アメピンは、髪に差したら、手をくるりと返すように、ひねってから留めるのがおすすめ。

**仕上げはソフトスプレーのあと**
**コームで面を整える**

和ぐしやダッカールがついた状態でソフトスプレーを吹きかけ、乾かないうちにコームで面を整える。

完成
後ろ姿の毛流れで魅せる
気品際立つ基本の和髪

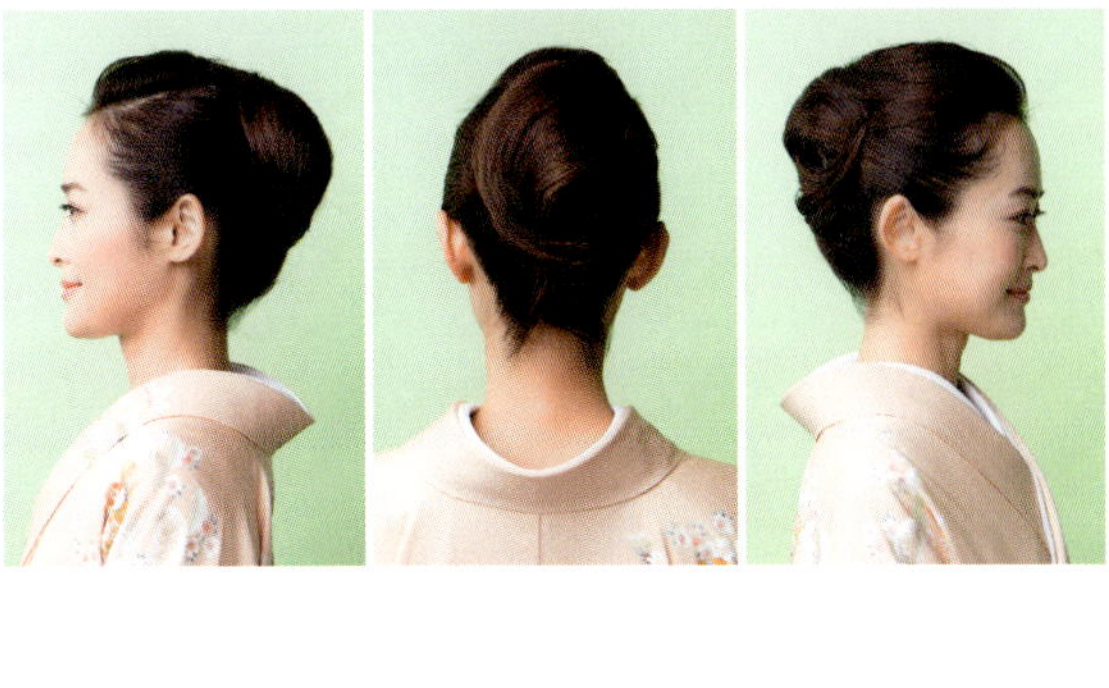

繊細な友禅の訪問着。結婚式などにふさわしい楚々とした雰囲気が、周囲に好印象を与えます。きもの／京都きもの市場

Column — 1

# 女優美人な和髪をつくる「道具」その1

撮影現場で欠かせない、名品を大公開

## 美しいまとめ髪の秘訣は、「道具」にあり！

まとめ髪に道具は大切。基本的なものばかりですが、用途に合わせて細かく揃えています。

8｜毛束を整える Uピン

シニヨンの毛先をしまうなど、落ちてくる毛束を留めるときに。地肌に差さらないよう、両方の先端を折り曲げて使用するのが黒田流。

9｜仕上げにヘアスプレー

仮留めしていた、和ぐしやダッカールを外したあと、まとめ髪を長持ちさせるために使用。基本はソフトタイプで髪の質感を残す。

10｜毛束を結ぶ黒ゴム

目立たないよう黒色をチョイス。太いものは土台となる毛束をきつく結ぶときに、細いものはたるませて結ぶときなど、用途に合わせて。

## 1｜毛流れを整えるブラシ

面積の大きいクッションブラシ(上)は、髪全体をとかしてツヤ出しに。セットブラシ(中)は、毛流れを整えるときに欠かせない。

## 2｜髪のクセづけにカーラー

ホットカーラーやマジックカーラーなどサイズ違いで。特にホットカーラーはセット力が高く、乾きも早いので重宝する。

## 3｜面を整える刷《は》毛《け》

ヘアカラーの塗布に使用する刷毛を活用。こめかみの上や襟足など、細かな部分の面を整えるときに、ちょうどいい。

## 4｜逆毛を立てるコーム

これがないと始まらない！ 逆毛を立てるときはもちろん、柄の部分は、分け目をつけたり、面を浮かせて膨らませたりと大活躍。

## 5｜毛流れをキープ和ぐし

面で魅せる和髪に出番多し！ 毛流れをキープする仮留めや、ボリュームを調整するときに。髪に跡がつかないのも重宝する理由。

## 6｜仮留めにヘアクリップ

髪をざっくりまとめて仮留めに。ダッカールやダブルピン、シングルピンのほか、毛束の量によってサイズも形も豊富に揃う。

## 7｜毛束を固定アメピン

髪をしっかり固定するときのアメピンは、大小サイズ違いで。髪に差したら、1度ひねってから固定すると抜けにくい。

# 女優美人な和髪をつくる「道具」その2

時短にボリュームアップに大活躍

## すき毛とつけ毛を使いこなして、まとめ髪上手に！

和髪の肝である、トップのボリュームや奥行きをつくるのに欠かせないすき毛のほか、アレンジの幅が広がるつけ毛を使いこなせれば、あなたもまとめ髪の上級者です。

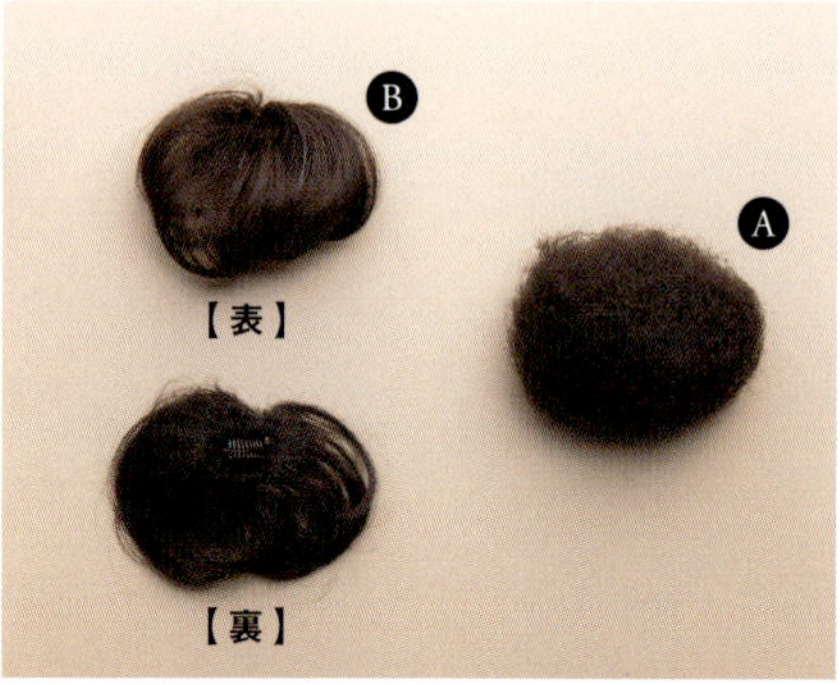

※すべて私物

### A すき毛

**和髪らしい大きな膨らみやボリュームを瞬時につくる**

シニヨンに巻き込んで奥行きのある膨らみをつくったり、逆毛では足りないボリュームを出してくれる名脇役。安定した土台づくりにも。

### B 張り毛 ※黒田流の呼称

**シニヨンのボリュームをいとも簡単に調整**

小分けにされているのでバランスを調整しやすいうえに、裏はコーム付きで、手軽につけられて便利！ 色は地毛に合わせて。

### C カップ毛 ※黒田流の呼称

**シニヨンにつけるだけ！　あっという間に完成**

シニヨンにはめるだけ。毛流れとつながる位置に固定すれば自然に見える。髪が薄いときにもおすすめ。時短につながる救世主。

第三章

# 美しい〝まとめ髪〟カタログ

黒田流・メソッド 応用編

まとめ髪の基本をマスターしたら、次は応用編。
基本は同じながらも、品よくあか抜けるアレンジを披露します。
全プロセス写真とともに、わかりやすい解説もつけました。
手の動きや毛束の扱いにも着目して、ご覧ください。
何度が練習するうちに、きっとあなたもまとめ髪上手に！

Lesson 1

# 美人のセンターパート

# 360° Check!

落ち着いた茶系の装いを、ぱっと明るくモダンに着こなすボブ風のセンターパート。前髪を左右対称に分けることで、整った美人顔が際立つヘアです。きりりとした強さを感じさせながらも、耳を覆うボブ風アレンジで、たおやかな表情を生み出して。奥行きのある横顔もまた格別です。

黄八丈に絞りの帯を合わせた、趣味性の高い装い。友人とのショッピングやホームパーティなどに、優しさと粋な雰囲気も併せ持つきものならではの表情が味わえます。茶系のワントーンの装いは、秋色の街になじみ、焦茶や赤のストールを持てば完璧です。きもの／銀座もとじ　和織　帯／京絞り寺田　帯揚げ／和小物さくら　帯締め／道明

# 作り方

①

髪全体を巻きブラッシングしたあと、写真のように上下、左右にブロッキングする。

②

後ろ下の毛束をとり、低めの位置でひとつに結んだら、三つ編みにし毛先を結ぶ。

③

三つ編みを根元で丸めて土台をつくり、ピンで留める。崩れないよう強固なベースに。

④

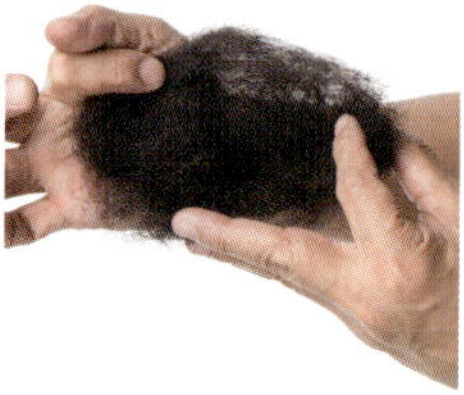

すき毛を少量手にとり、楕円に丸める。このとき、中心部は薄くして凹みをつくっておく。

⑤

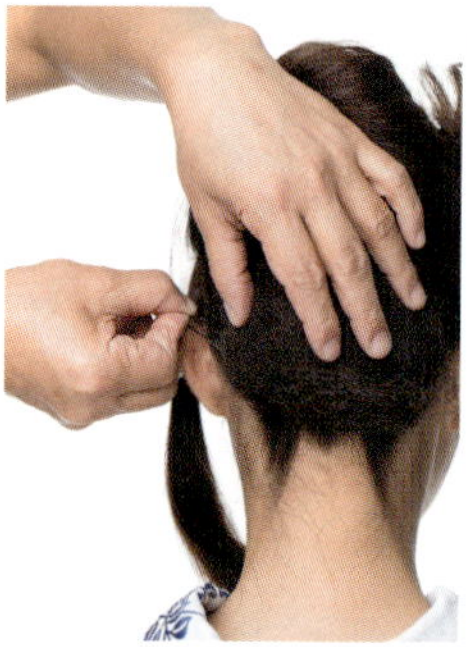

すき毛の凹み部分を、土台にすっぽりかぶせ、ピンでしっかり固定する。

⑥

トップの毛束をとり、内側に逆毛を立てる。根元から中間にかけてしっかりと。

⑦

逆毛を立てた毛束の表面をブラシで整えたら、襟足でふんわりまとめてゴムで結ぶ。

⑧

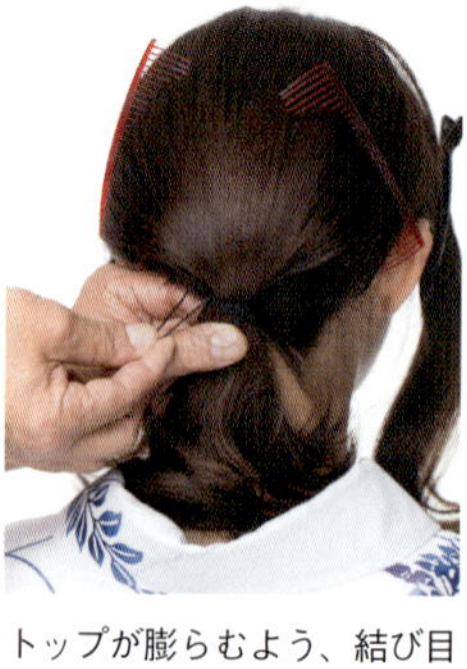

トップが膨らむよう、結び目を持ち上げてピンで固定。和ぐしで毛流れを整える。

⑨

結んだ毛束をねじって、全体を細くする。

10

結び目を中心に、小さめのシニヨンをつくってピンで固定する。これが芯になる。

11

芯ができた状態。すき毛や逆毛を生かし、全体がふんわりとたるんでいるのが特徴。

12

サイドの毛束をとり、中間から毛先に向かって、弱めの逆毛を立てる。

13

サイドの毛束の表面を丁寧にブラシでとかしながら、芯へ寄せていく。

14

サイドの毛束の中間から毛先にかけて、ゆるくねじる。

15

耳が隠れるくらい毛束をたるませながら、芯に巻きつけてピンで固定する。

16

逆サイドも同様に。中間から毛先に向かって、弱めの逆毛を立てる。

17

サイドの毛束の表面をブラシでなじませて毛先をねじり、芯に巻きつけて固定する。

18

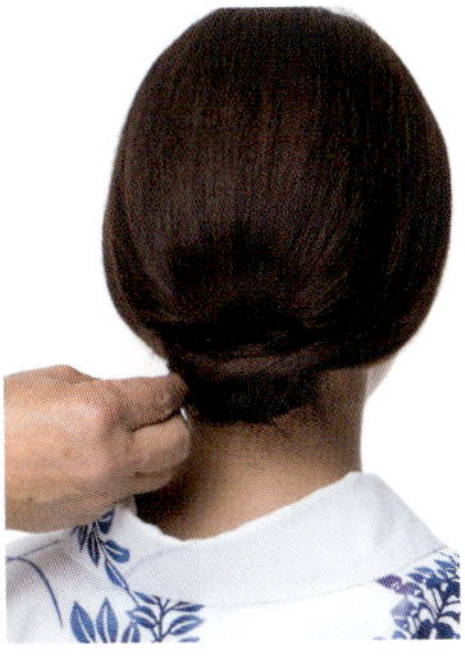

飛び出している毛先はUピンで固定する。表面の毛流れを整えれば完成！

浴衣／竺仙

Lesson 2

# 三つ編み&編み込みヘア

# 360° Check!

はんなりとした小紋に華を添える、軽やかな三つ編み&編み込みのアレンジです。ともすれば野暮に映る三つ編みを、粋に仕上げる秘訣はドライな質感にあり。ラフに崩し、つまんで毛束感を出すひと手間で、ぐっと今っぽくあか抜けた印象に。浴衣にも似合いそうです。

紬地を薄紅に染め、鳶《とび》色と浅縹《あさはなだ》色で紋章と小花を描いた、大人可愛い飛び柄小紋です。薄ねず地に群青色の太い縞を織りだした工芸的な帯を合わせて、上品なお出かけ着に。青を効かせたバッグを持つと都会的な印象になります。きもの・帯／ともにきもの　おがわ屋　帯揚げ／和小物さくら　帯締め／道明

# 作り方

①

髪全体を巻いてブラッシングしたら、写真のようにトップをブロッキングする。

②

トップの毛束をとり、ブロッキングした所まで編む。毛量の多いときは表面の髪のみでOK。

③

そのまま三つ編みにしてゴムで結ぶ。周囲の髪が邪魔であれば、ダッカールで留める。

④

前髪を7:3に分ける。

⑤

3のほうをとり、前髪→サイド→襟足に向かって編み込んでいき、毛先をゴムで結ぶ。

⑥

⑤までできた状態。あとで編み目を崩すので、ゆるめに編むのがポイント。

⑦

7のほうは、ライトスプレーしてから、毛束をねじって形づけると、編みやすい。

⑧

⑤と同様に、前髪→サイド→襟足に向かって編み込んでいき、毛先をゴムで結ぶ。

⑨

⑧まで編み終わった状態。3本の三つ編みができている。

⑩

片側の三つ編みを、襟足に沿わせるように逆サイドに持っていき、ピンで固定する。

⑪

反対側の三つ編みも同様に。襟足に沿わせるように逆サイドに持っていき、ピンで固定。

⑫

中央の三つ編みは毛先を丸めて内側にしまい込み、結び目が見えないようピンで固定。

⑬

編み込んだ〝山〟の部分を、手でつまんで崩す。

⑭

⑬までできた状態。編み目がゆるんで、ラフな仕上がりに。

⑮

さらに、編み込んだ〝山〟部分の1／2をつまみ、ダッカールで仮留めする。

⑯

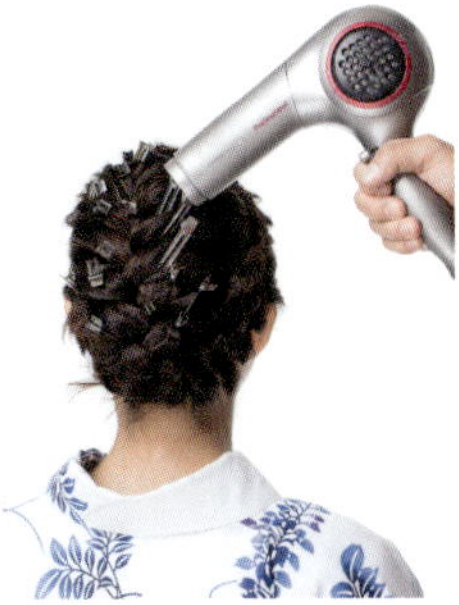

全体にハードスプレーを吹きかけ、ドライヤーの熱でさらに固める。

⑰

ダッカールをすべて外し、崩しが足りない所は、つまんで全体のバランスを整える。

⑱

毛束感が出て、今っぽく洒落た三つ編み＆編み込みヘアの完成！

Lesson 3

# 洒脱なアシメトリー

# 360° Check!

きものと帯の柄合わせに個性を感じる、遊び心のある装い。ヘアにもその妙味を落とし込み、洒脱なアシメトリーに仕上げました。手軽にボリュームアップできるつけ毛を利用した、ドラマチックなシニヨンに、サイドのタイトな面で、きものにふさわしい品を演出して。

梔子《くちなし》色と萌葱《もえぎ》色に染めた絣が交差する吉野格子地に、金茶色の縞を織りだした、池田リサ作の技巧的なきもの。白地に淡い紅色で華文を織りだした袋帯を合わせた、お出かけ着です。美術展のレセプションや会合などに。きもの／銀座もとじ 和織 帯／西陣坐 佐織 帯揚げ／和小物さくら 帯締め／道明

# 作り方

①

髪全体を巻きブラッシングしたあと、写真のように上下、左右にブロッキングする。

②

後ろ下の毛束をとり、低めの位置でひとつ結びにする。

③

左右の毛束を、それぞれ耳の後ろで結ぶ。このとき、ゴムの片方を長めに残して結ぶ。

④

長めに残しておいた左右のゴムの端同士をひっぱり、強めに結ぶ。

⑤

④ができた状態。横がぴしっとタイトに仕上がり、あか抜けて。たるみにも効果あり。

⑥

トップの毛束をとり、内側に逆毛を立てる。根元から中間にかけてしっかりと。

⑦

逆毛を立てた毛束の表面をブラシで整えたら、後頭部の中心でまとめてゴムで結ぶ。

⑧

トップが膨らむよう結び目を持ち上げて、ピンで固定する。

⑨

すき毛を少量手にとり、小さめの楕円に丸める。これを2つ用意する。

⑩

後ろ下の髪を2等分し、一方の毛束にすき毛を1つ入れ、くるくる巻いて縦ロールに。

⑪

根元まで巻き込んだら、まずは1か所、襟足部分にピンで固定する。

⑫

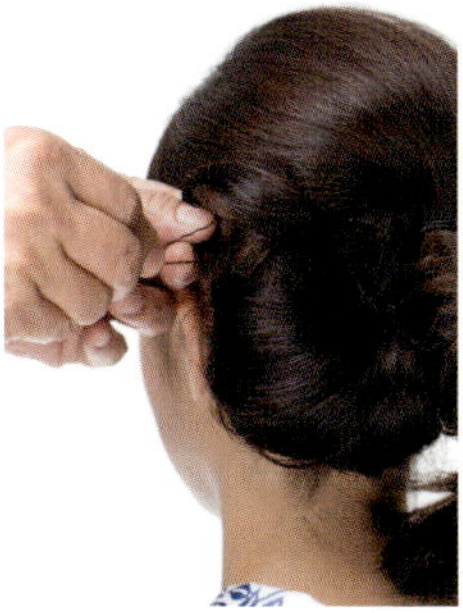

縦ロールを広げ、耳横で固定する。アシメトリーになるよう、前から見える位置に。

⑬

残りの毛束をまとめ、逆側に縦ロールをつくる。毛量が多い分こちらが大きくなる。

⑭

写真のようなつけ毛をいくつか用意する。

⑮

2つの縦ロールで花のようなシニヨンに。その輪郭を広げるように外側につけ毛をON。

⑯

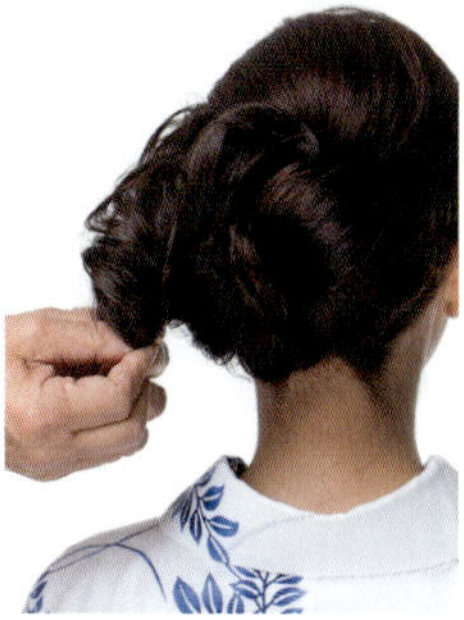

前から見たときのバランスに注意しながら、アシメトリーになるよう片側にボリュームを。

⑰

バランスを見ながら、逆サイドにもつけ毛をつける。こちら側はボリューム控えめに。

⑱

毛流れが自然に見えるよう、コームの柄などを使って、毛先を調整すれば完成！

Lesson 4

# 奥行きのある華やかヘア

# 360° Check!

周りの目を惹きつけて離さない、品格のある立ち姿。ドラマを感じさせる個性的なヘアは、新日本髪を今風に解釈した、大胆なスタイルです。ぐっと立ち上げた前髪に、上品に膨らむ「鬢《びん》」と「髱《たぼ》」。美しい面が織りなすアートのような造形美は、すき毛を使ってこそ。

瓶覗《かめのぞき》といわれる、ごく淡いブルーに染めた地に薔薇をデザインし、刺繍した付け下げ。光を感じさせる白地に金の帯を合わせて、ドレスのように装いました。大きなパーティ会場にも映える、都会派の一揃いです。きもの／札幌・せき呉服店　帯／染と織たかはし　帯揚げ／和小物さくら　帯締め／道明

# 作り方

①

髪を巻きブラッシングしたあと、6つに分ける。土台をつくり、襟足は逆毛を立てておく。

②

大きめの三角形にしたすき毛の中心部を凹ませ、土台にかぶせて、ピンで固定する。

③

逆毛を立てた襟足部分の毛束をとり、表面をブラシでとかしながら、土台へ寄せていく。

④

1度毛束を前方に持っていったらそのまま折り返し、毛先をねじって固定する。

⑤

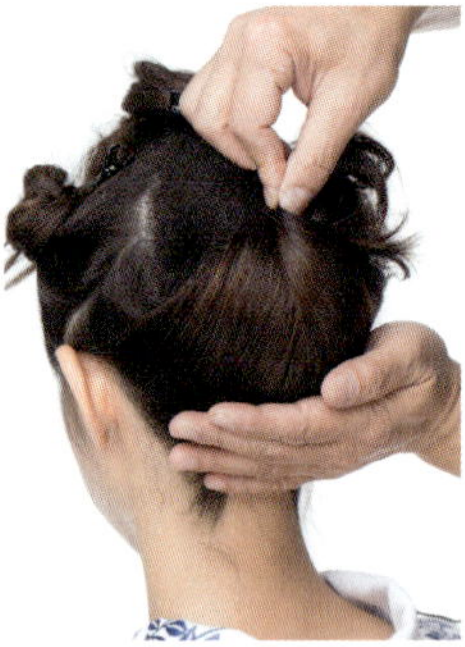

逆側も同様に。ブラシで丁寧にとかして毛流れを整え、丸みのある綺麗な面をつくる。

⑥

毛流れがつながるようにブラシでなじませたら、コームの柄で丸みを調節する。

⑦

横から見た状態。ゴールデンポイントに土台があり、美しい髱《たぼ》ができている。

⑧

すき毛を少量手にとり、小さめの俵形に丸める。これを4つ用意する。

⑨

サイドの毛束の上、耳の上あたりにすき毛を2つ置き、ピンで固定する。

10

左側の毛束をとり、逆毛を立てる。表面をブラシでとかしながら土台に寄せる。

11

1度毛束を前方に持っていったらそのまま折り返し、土台に固定。

12

コームにハードスプレーをつけ、毛流れを整える。耳にかかるくらいが◎。逆側も同様に。

13

トップの毛束をとり、根元から中間にかけて、内側に逆毛を立てる。

14

表面をブラシでとかしながら、片側に倒す。前髪に輪をつくり、ダッカールで固定。

15

指を使ってS字を描くような毛流れをつくり、カーブする部分をダッカールで仮留め。

16

余った毛先は、コームを使って毛流れを整えながら、後ろへ持っていく。

17

毛先を土台に絡ませるようになじませ、ピンで固定。全体をソフトスプレーで固める。

18

毛先をしまい込んだ部分を隠すようにつけ毛を2つつけ、ダッカールを外せば完成！

Column — 2

「似合うまとめ髪」のつくり方

〝似合う〟は、つくれる！

# 数センチの微差が美人見えの分かれ目です

やってみたいまとめ髪があるなら、顔の形を理由に諦めることはありません。確かに、顔の形と髪型の黄金バランスはありますが、〝似合うは、つくれる！〟というのが、黒田流メソッドの考え方。顔型を縦横の比率で捉え、理想的なバランスであるたまご形を目指して微調整を加えましょう。トップの高さや横の膨らみなど、どの部分のボリュームを出すのか、または抑えるのか。その差わずか数センチのバランスで似合うポイントを探すのが、美人に見えるカギ。自分の顔の形を理解したうえで必要なアレンジを加えれば、どんなまとめ髪も、たちまち似合うように！

# 目指すべきは、きれいな〝たまご形〟
# 顔形別、美人見えレシピ

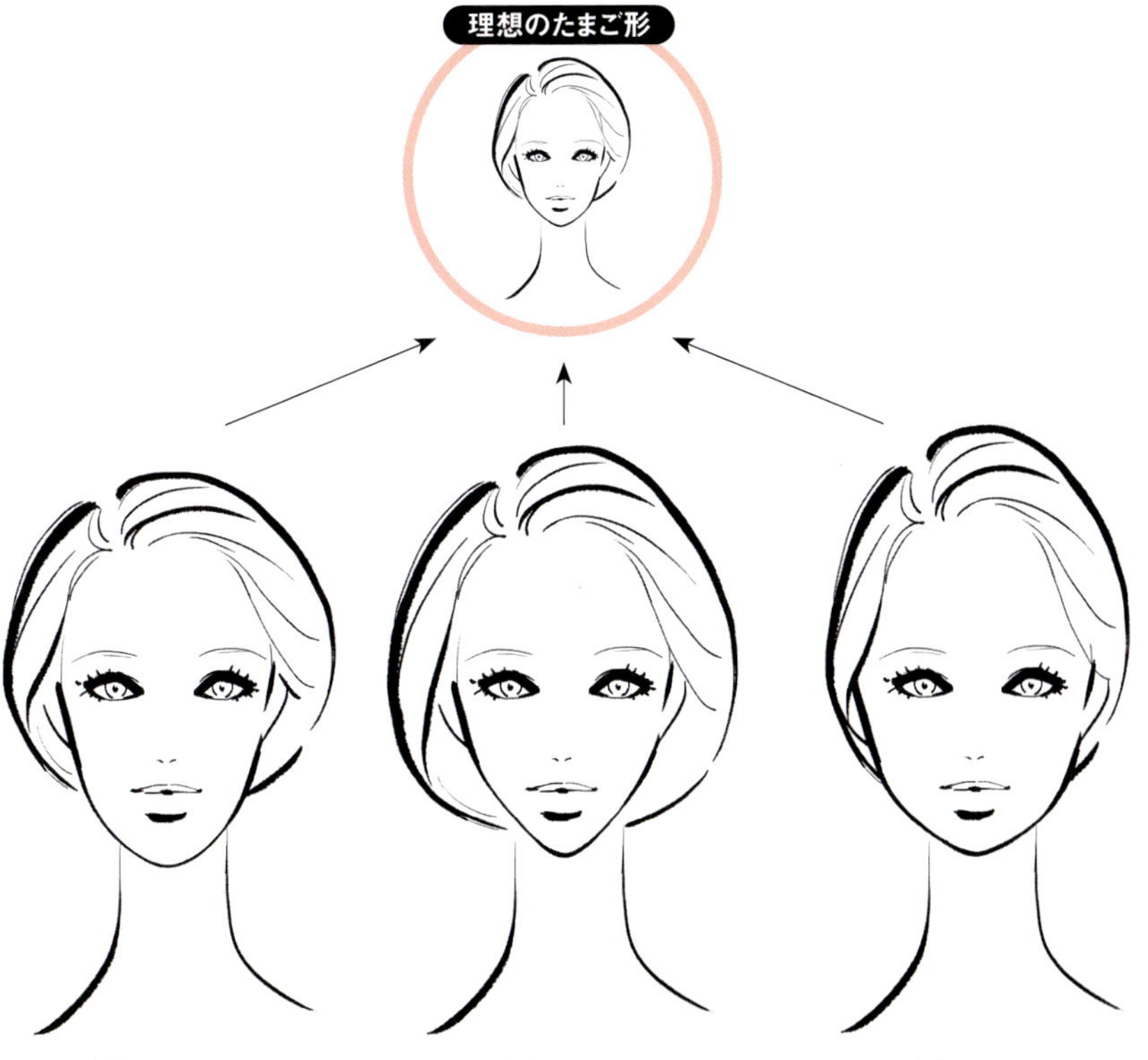


Type:01

## 丸顔さん

**トップは高さを出して、サイドは控えめに**

丸さを軽減するため、顔のラインを縦長に見せるのがキモ。トップに高さを出し、サイドをすっきり見せることで錯覚させて。

Type:02

## 逆三角さん

**無駄な空間ができる耳下にボリュームアップ**

このタイプは、耳下に何もない空間が生まれてしまうのが難点。ボリュームを出し、寂しげに見えるイメージも払拭して。

Type:03

## 面長さん

**面長を強調するトップは抑えてバランスを**

縦長を中和するのがポイント。トップの高さは控えめにし、前髪を斜めに流すなど、アレンジを加えるとしっくりくる。

Lesson 5

# シンプルショート

# 360° Check!

ファッション感覚で楽しみたい、グラフィカルでモダンな柄合わせ。軽やかな気分でまとうなら、ショートヘアもおすすめです。襟足をぴしっと整えることで品格が生まれ、短い髪でもきものが映えるスタイルに。見る角度で豊かに表情を変える、毛流れの妙を楽しんで。

素材感のある、御召地を灰桜色で暈《ぼか》しに織り出した、お稽古や街着に活躍するきものです。白地に幾何学模様を織りだした名古屋帯を合わせることで、さりげない中にも、きちんとした印象に。昼のお祝い事の集いにも出られます。きもの・帯／ともに弓月京店　帯揚げ／和小物さくら　帯締め／道明

# 作り方

①

立ち上がりが重要な前髪やトップは、毛束を前方へ倒してから根元までしっかり巻く。

②

前髪やトップ以外はざっくりと巻く。完成形を想定し、必要な部分のみを巻くと時短に。

③

巻き終わったら髪全体をブラッシングして、ツヤ感を出す。

④

根元から逆毛を立てる。髪がサラサラしているとセットのもちが悪いので念入りに。

⑤

前髪を6:4に分けたら、髪の表面を丁寧にブラシでとかしながら、毛流れを整える。

⑥

和ぐしで押さえる。髪に跡がつかないので、面を整えながら毛流れをキープするのに便利。

⑦

分けた6のほうの髪を丁寧にブラシでとかし、毛流れを後ろへ寄せていく。

⑧

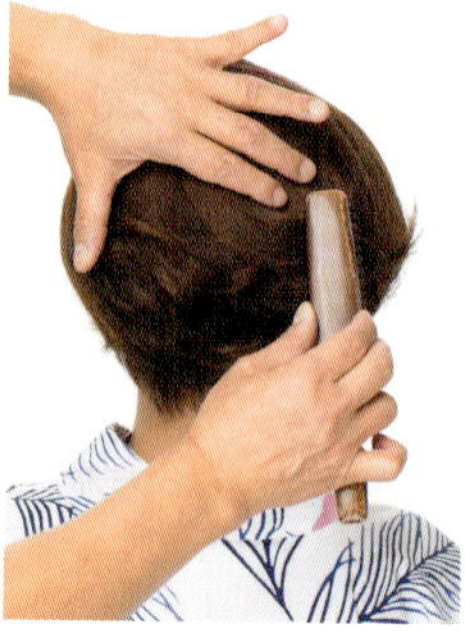

毛先を中心に後ろも同様に。毛先までカーラーで巻いているので、自然に動きが出る。

⑨

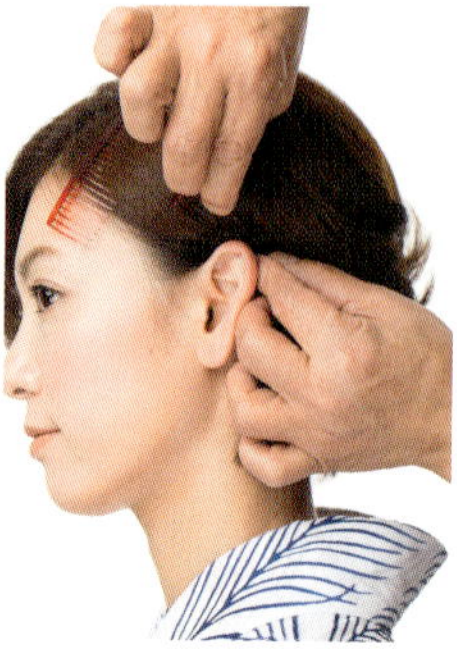

分けた4のほうの髪をタイトにまとめ、耳の上あたりをピンで固定する。

⑩

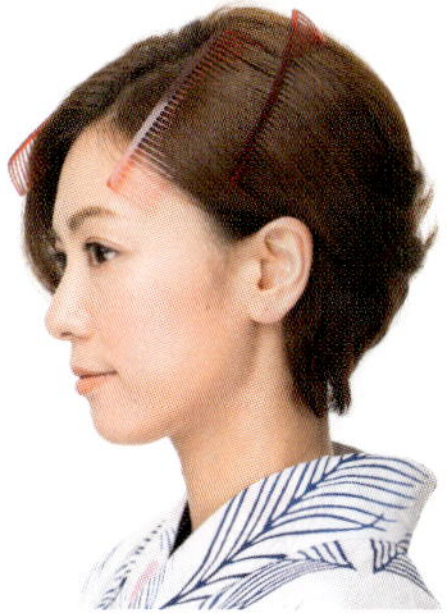

⑨ができた状態。浮いてくる所は和ぐしで毛流れを整えて、タイトな面をつくる。

⑪

カーラーで巻けなかった短い襟足に、細かく逆毛を立てる。髪がまとまりやすくなる。

⑫

片側に向かってブラシでとかし、ダッカールで固定。スプレー&ドライヤーで固める。

⑬

襟足ができた状態。襟足のラインがぴしっと綺麗に整っているのがポイント。

⑭

分けた6のほうの髪を、顔に少しかかるようたるませながら、ダッカールで仮留め。

⑮

毛流れが後ろとつながるよう、コームで整える。カジュアルに見えないポイント。

⑯

毛流れができた状態。あごのラインから髪のフォルムがつながっているのが特徴。

⑰

浮いてくる細かな毛は、ハードスプレーを吹きかけた刷毛を利用して整える。

⑱

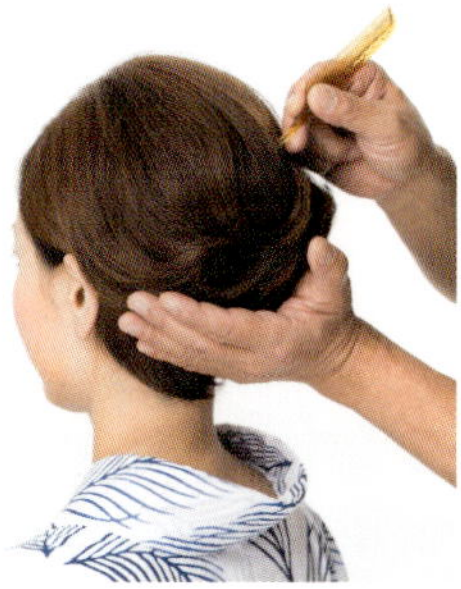

ダッカールを外し、毛先に動きが出るよう、コームの柄を使って毛先を調整すれば完成！

浴衣／竺仙

Lesson 6

# 華やかショート

# 360° Check!

色柄の艶やかさを着る、こちらも華やかなヘアスタイル。奥行きのある面のアレンジに、彫刻のようなカーブで飾り毛をあしらい、小粋なアクセントを効かせています。飾り毛の工夫次第で、豪華にも若々しくもなる万能ヘア。ショートの方におすすめです。

黒に墨暈《ぼか》しの地色に、彩り豊かに橘を描いた訪問着です。白地に金の豪華な袋帯で、披露宴に招かれた日などに晴れやかに装える、格式高い一揃い。髪も華やかに結い上げて、フォーマル感を演出します。きもの・帯／ともに銀座もとじ 和染 帯揚げ／和小物さくら 帯締め／道明

## 作り方

①

髪全体を巻いてブラッシングしたあと、写真のように5つにブロッキングする。

②

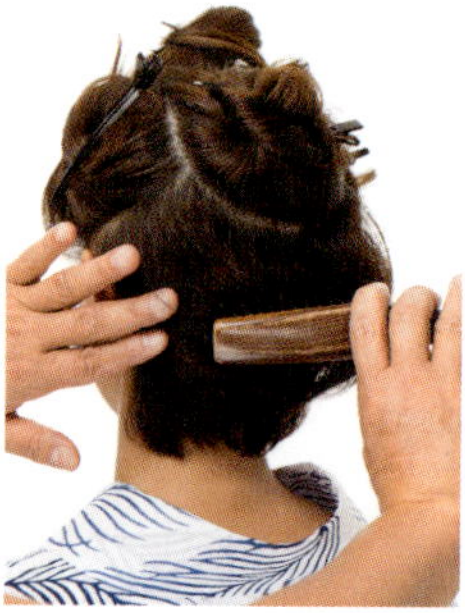

下部分の髪に逆毛を立て、耳後ろの髪をブラシでとかしながら後頭部に寄せていく。

③

後頭部に寄せた耳後ろの毛流れを、ピン2本で×印になるように留める。

④

右側も重ねるように固定する。ここはピン2本で下から留める。

⑤

④ができた状態。スプレーをしたあと、ドライヤーで固める。襟足までしっかりと。

⑥

左側の毛束をとり、逆毛を立てる。表面をブラシでとかしながら後頭部に寄せていく。

⑦

毛先をねじってピンで留める。短い毛も逆毛を立てることでまとまり、扱いやすくなる。

⑧

右側も同様にして、ソフトスプレーで固める。ハードだと質感がなくなるので注意して。

⑨

後頭部の毛束をとり、逆毛を立てる。根元中心に立てたら、ダッカールで上に仮留め。

10

すき毛を手にとり、薄く広げて固定する。ボリュームが出るだけでなくピンも隠せる。

11

⑩ができた状態。逆毛を立てるだけでもいいが、すき毛を入れることで安定感が増す。

12

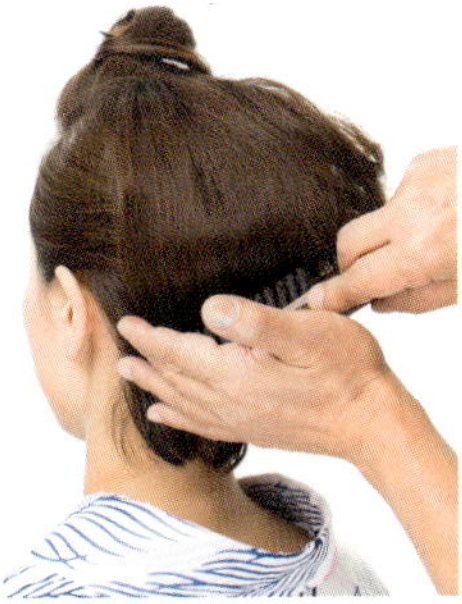

後頭部の毛束をすき毛にかぶせる。表面をブラシでとかして整える。

13

毛流れがなじむようソフトスプレーを吹きかけ、和ぐしで仮留めして面を整える。

14

前の毛束をとり、根元に逆毛を立てる。センターパートにし、表面をブラシでとかす。

15

右側をブラシでとかし、毛先のカールを生かし、S字の飾り毛に。カーブ部分を固定する。

16

左側も同様に。髪の表面を丁寧にブラシでとかして、毛流れをつくる。

17

右側のS字にかぶせるようにS字をつくり、固定。顔の形に合わせて高さを調整して。

18

ソフトスプレーを髪全体に吹きかけ、表面を美しく整えたら完成！

Column — 3

# 女優美人な「きものメイク」

基本は洋服感覚で大丈夫！

## 華美になり過ぎない〝上品綺麗〟が正解です

きものだからといって、完璧マットなフルメイクに仕上げてしまうと、老けて見える原因に。ツヤのある部分、マットな部分、そのバランスが大切です。そこだけ注意すれば、ほぼ洋服感覚のメイクアップで大丈夫。さらなる美人を目指すなら、各パーツを磨き上げるようなワンポイント・メイクがいいですね。唇なのか、目もとなのか、はたまた肌のトーンなのか……。そこを踏まえてメイクアップをすれば、たちまち希望の上品綺麗が叶います。間違ってもやり過ぎて、華やかさの向こう側に行ってしまわないように。「やり過ぎ手前で止める！」。その勇気がメイク美人への近道です。

華美になり過ぎないメイク技 1

# ベースメイクで肌のトーンを上げる

POINT

**三角形の範囲をメイン に塗る**

ベースは、三角形の範囲内のみしっかり塗れば、あとは軽くなじませる程度でOK。簡単なうえに、つけ過ぎを防いで品よく仕上がる。

POINT

**色味はピンク系で透明感アップ**

肌のトーンを上げるには、ピンク系のベースがおすすめ。透明感はもちろん、きものに似合う、たおやかな肌を演出してくれる。

## ベースを塗った後は…

**1 軽くファンデーションを塗る**

ベースで肌のトーンを上げているので、よほどの肌トラブルがない限り、ファンデーションも軽いタッチで大丈夫。

**2 Tゾーンを中心にパウダーをはたく**

仕上げのお粉も、顔全体ではなく、皮脂でテカリやすいTゾーンのみ。ベースのおかげで、気持ちに余裕が出てくる。

**3 チーク&シェーディングで仕上げる**

チークとシェーディングで顔の凹凸感をしっかり出してあげると、このあとのポイントメイクがぐっと際立つ。

華美になり過ぎない
メイク技

# 2 1か所に的を絞ったポイント・メイクをする

チークなら

**きものに合った色味で若々しい血色チーク**

チークで健康的な肌に見せる。コーラル系なのか、ローズ系なのか、きものに合った色味を挿して、生き生きと若々しく！

リップなら

**マットな赤みで上品インパクト**

和装メイクは口紅の色が大切。特に赤み系のマットなリップなら、それだけで品よく見えるうえに、ポイントメイクになりやすい。

アイメイクなら

**パーツを強調するクリーンなメイク**

まずはアイラインやマスカラの黒を強調し、全体を引き締めることが重要。あとは、色をまとうだけで、クリーンな品につながる。

第四章

# 黒田流・メソッド 発展編

# もっと美人になれる〝神技《テクニック》〟

最後に、完成度を高めるプロの技を伝授します。
決して難しいテクニックではありませんが、
このひと手間があるとないとでは大違い。
仕上がりが段違いにあか抜けてくるので、お試しあれ!

プラスひと手間で見違える!

# 完成度を高める〝美の神技〟

プロの仕上がりがハッとするほど美しいのは、このひと手間の重要性を知っているから。覚えておいて損はありません。

## 美の神技 01

ハッと色気のある目もとに

### 眉の1/3に〝赤やオレンジのアイブロウパウダー〟を挿す

昔からある、耳たぶに紅を挿すテクニックの今どきバージョン。眉に赤みのアイブロウを加えることで、急に目もとが色っぽくなり、顔立ちがきれいに見えてくる。

**POINT 眉頭の1/3に赤みをオン!**

トレンドの赤眉をきものメイクにも。パウダーで眉を仕上げたあと、眉頭に1/3のみ、赤やオレンジ系のニュアンスカラーをオン。それだけではんなりと色気のある顔立ちに。

使用するアイテム

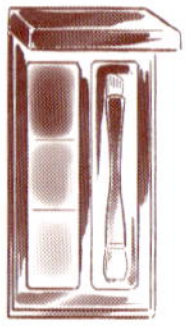

**多色づかいのアイブロウパウダー**

ピンクや赤、オレンジ系のニュアンスカラーが入った多色づかいのアイブロウパレット。

美の神技 02

## 全体が引き締まって品よく見える
## “コントゥアリング”でフレームを引き締める

フレームを引き締めてあげると、品が際立ってくる。今のメイクの方向性、コントゥアリング（シェーディング、ハイライトを駆使したベースメイクのこと）とも合致するうえ、小顔効果もあっておすすめ。

POINT A

### 輪郭をシェーディング

こめかみからあご下まで、シェードカラーを薄く入れ、輪郭を囲む。濃くなり過ぎないように注意して。

POINT B

### 生え際にも足す

生え際が薄いときは、生え際にもなじませると、より引き締まって見える。シェードカラーは髪の色味と合わせること。

使用するアイテム

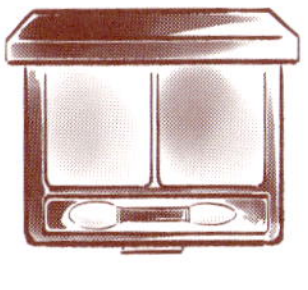

**アイシャドウ**

濃いブラウンやチャコール系。髪色が明るい場合は明るめを。パール入りは避ける。

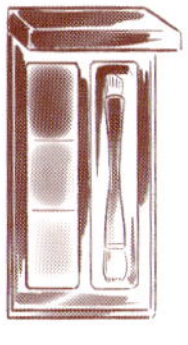

**アイブロウパウダー**

色つきのいい、アイブロウパウダーもおすすめ。

**リキッドライナー**

黒や濃いブラウン系のリキッドライナー。生え際の薄いところは、一本一本描いてあげる。

# 美の神技 03

顔のバランスが一気に整う

## 〝リキッドライナー〟でもみあげを足す

もみあげがなかったり途中で切れてしまっているときは、すっとリキッドライナーで描いてあげる。ぼやけていた顔立ちのバランスが整い、たちまち品が漂い出す。

After

顔のフレームが引き締まり、バランスが整う。

◀◀◀

Before

もみあげがない、または途中で切れている。

### POINT リキッドライナーで描き足す

途中まであるなら、その延長上に足すイメージで。リキッドライナーですっと描くと、ナチュラルに仕上がる。

使用するアイテム

**リキッドライナー**

黒や濃いブラウン系のリキッドライナー。髪の色に合った色味を選んで。

## こんな時、どうすればいい?

# まとめ髪のお悩み、あれこれ

撮影現場でよく聞かれる、まとめ髪まわりのお悩みについてお答えします。これでもって、悩みとはおさらばして。

(Question) 1 **髪が少ない人はどうすればいい?**

(Answer) 根元までボリュームが出るよう、**しっかり逆毛**を立てて。

毛束を手にとったら一度前に倒し、根元から中間まで、しっかり逆毛を立てる。そうすることで、通常よりボリュームがアップする。

(Answer) 逆毛でも足りない人は**薄くして広げたすき毛**を入れます。

逆毛だけで足りない場合は、さらに薄く平べったくしたすき毛を、気になる部分に固定し、ボリュームをプラスして。

(Question) 2

## ホットカーラーで上手に髪を巻けません…

( Answer )

**きっちり巻かなくても、毛先が巻けていれば大丈夫。フェイスラインの3か所のみリッジを出して。**

※リッジ：ウェーブの"山"の部分

POINT

**顔まわりの3か所はしっかり立ち上げる**

前髪と両サイドの3か所のみは、ふんわりとしたボリュームが必要。毛束を前に倒してから、根元から立ち上げるように巻くのがコツ。

Check!

**フェイスラインの 3 か所はリッジを出して巻くこと**

○

毛束を前に倒してから、カーラーが根元にあたるように巻き、しっかりとリッジを出して。

×

カーラーが根元に当たっていないので、立ち上がりが弱く、ボリュームが出にくい。

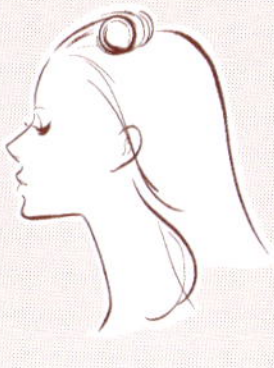

Back

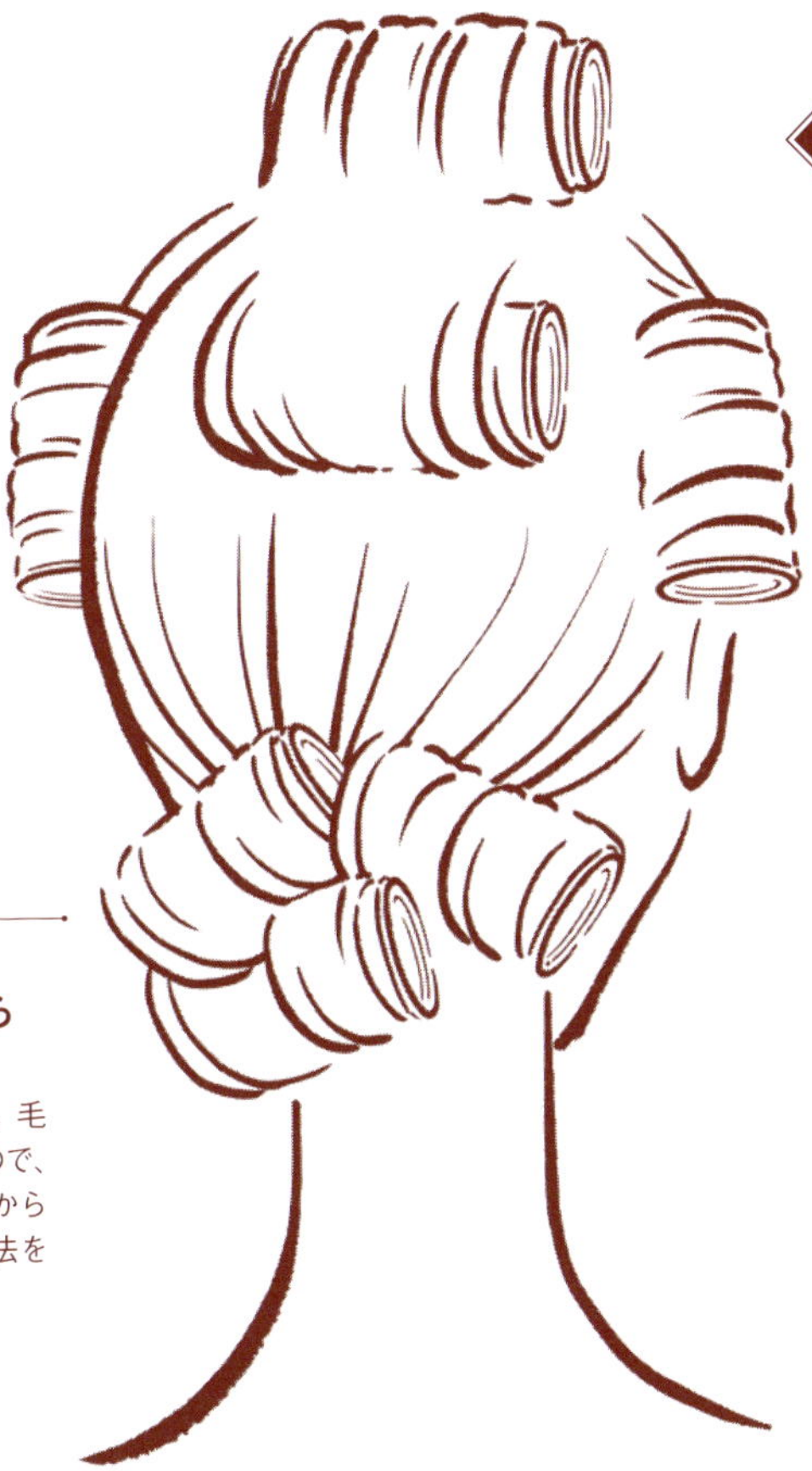

POINT

**ひとつ結びにしてから巻くとラクチン!**

顔まわり以外は適当でOK。毛先さえ巻けていればいいので、例えばひとつ結びにしてから巻くなど、やりやすい方法を編み出して。

## (Question) 3 髪が多い場合は？

(Answer)

**シニヨンにする部分を多めに、表面のいじる部分を少なめに調節して。**

**少なめに**

表面のいじる毛束を少なくすれば扱いやすく、見た目の重さも軽減。

**多めに**

表面の毛束を少なくするため、シニヨンの毛量を多めに。

## (Question) 4 きものにシンプルなまとめ髪はダメですか?

(Answer)

**トップのボリュームだけ出せばOK！**

**POINT トップの高さで品格を**

後ろがシンプルなシニヨンでも、ここに高さがあるだけで、急に品が出る。簡単なひと手間で、仕上がりに雲泥の差が生まれる。

## (Question) 5 整髪料はどんなものを使えばいい？

事前に

(Answer)

▶ **髪全体をまとめやすくする**
**トリートメントウォーターと、**
**トリートメントオイルがおすすめ。**

まとめ髪は、髪が乾いていないと形が決まらない。その点、すぐ乾くトリートメントウォーターやオイルは、時短にもなっておすすめ。カーラーを巻く前にまんべんなく揉み込めば、髪もほぐれてまとまりやすい。

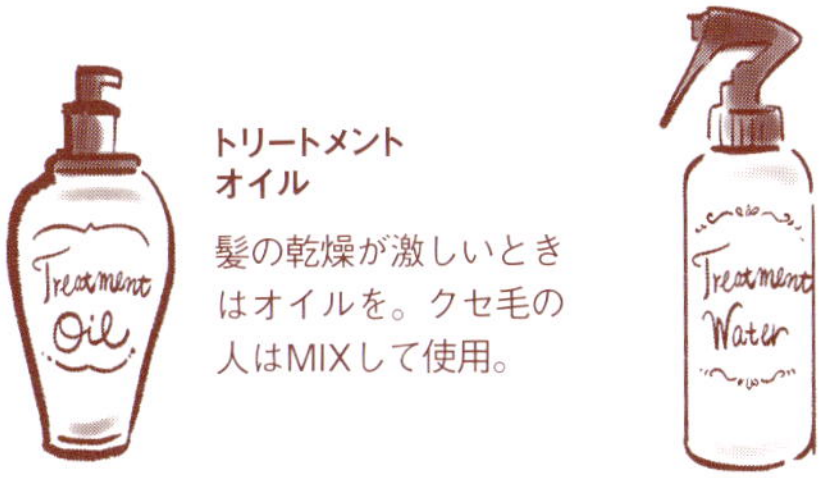


**トリートメントオイル**

髪の乾燥が激しいときはオイルを。クセ毛の人はMIXして使用。

**トリートメントウォーター**

髪の細い人は、トリートメントウォーターのみで仕上げる。

仕上げに

(Answer)

▶ **髪の質感を残したいところは**
**ライトスプレー、**
**きっちり固めたいところは**
**ウルトラハードを。**

絶対に髪が落ちてきてほしくない箇所のみ、ウルトラハード。それ以外はライトで十分。そのほうが、あとから手直しがきくうえに、髪の質感も残せて断然今っぽく仕上がる。

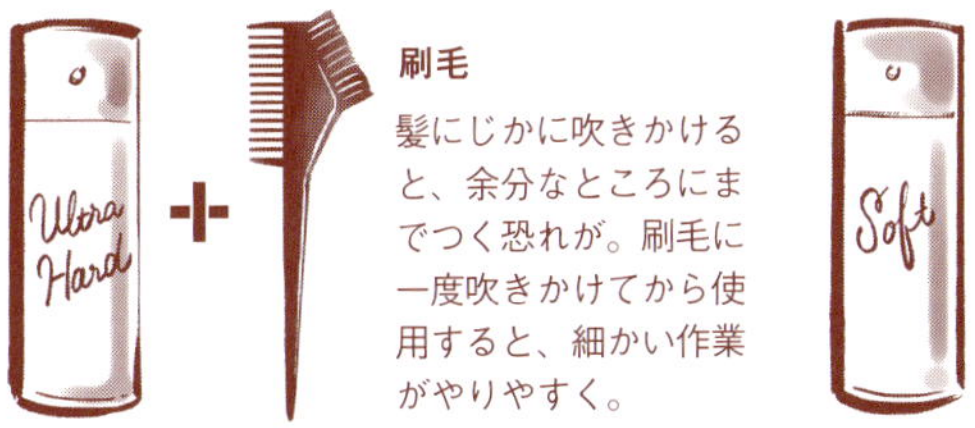


**ウルトラハードスプレー**

一日中スタイルをキープしたいときに便利。ただ、カチカチになってしまうので、多くは使わない。質感を残すには不向き。

**刷毛**

髪にじかに吹きかけると、余分なところにまでつく恐れが。刷毛に一度吹きかけてから使用すると、細かい作業がやりやすく。

**ライトスプレー**

今っぽい空気感を残したいときは、髪の質感が出るライトスプレーがおすすめ。あとから手直しがきくのも嬉しいポイント。

# 「女優きもの髪」を生み出す、美の巨匠たち

ドラマチックな誌面を作り出す2人の美の巨匠たち。互いへの賛辞とともに、舞台裏についても語ります。

## Dear 黒田さん

from きものエディター 相澤慶子

女優ページには、毎回、大まかなテーマを持って臨んでいます。
それに対して、女優さん、ヘア&メイクアップ・アーティストの黒田さん、
カメラマン、皆さんそれぞれがイメージを共有しあって、
ひとつのスタイルをつくり上げていくのが、撮影の醍醐味です。
参加する人の醸す雰囲気によって、私が最初に思っていたイメージが
どんどんと変化していく。それらを一本化し、具現化してくれるのが、
ヘア&メイクアップ・アーティストの黒田さんです。
黒田さんのつくる髪は、ちょっとゴージャス。シンプルに見えても、
どこかにひと技が効いていて、満足感を与えくれるのが凄いところです。
女優さんの美しさだけに頼ることなく、和髪のもつ文化やニュアンスを、
見事に表現してくれます。私がこの撮影のために用意するきものは、
他ではそうそうお目にかかれない、重厚感の漂うものばかり。
まとうだけでドラマを感じさせる、そういったたぐいのものです。
それを理解し、汲み取って表現してくれる、黒田さんには感服しきりです。

# Dear 相澤さん

from ヘア＆メイクアップ・アーティスト 黒田啓蔵

撮影前に、いつも相澤さんからヒントをいただきます。
今回のきもののイメージや、撮影のテーマについてうかがったら、
「例えばこういったイメージはどうですか？」というふうに、
そこからスタッフみんなの感性がどんどん混じり合い、
ひとつのテーマに向かって、おもしろいように転がっていきます。
持っているイメージはみな同じなのですが、その振り幅で変化していくのです。
それができるのも、確固たる感性を持ったプロフェッショナルたちだから。
相澤さんは、紛れもなくきもののスペシャリスト。
ご一緒するときは「勉強させてもらいます」という気持ちで臨んでいますね。
仕事柄、きものに触れる機会はひとより多いのですが、
相澤さんのコーディネートは、そんな僕ですらはっとさせられる何かがあります。
きものの本質を見せなくてはいけない、とでもいうのでしょうか。
その表現方法を探るべく、いつも感覚のセンサーを働かせ、
相澤さんの感覚に髪型で応える、そんなヘア＆メイクでありたいと思います。

あとがき

# 王道8割、遊び心2割の「女優美人なきもの髪」を目指して

普段は自分らしいファッションに、素敵なヘアスタイルというでたちなのに、いざ、きもの姿となると、一気に老け込んでしまう女性がたくさんいらっしゃいます。それではあまりにももったいない！

きものという世界に誇れる素晴らしい文化を、どんな世代の方でも美しくまとえるよう、僕たちヘア&メイクアップ・アーティストも、新たなスタイルを提案していかなければならない。

そう思い、つくり上げたのがこの一冊です。

伝統的な美意識やマナーを踏まえたうえで、
2割の遊び心を効かせたまとめ髪を目指しました。
その気持ちの余裕が、人が思わず振り返るような、
美しさを引き出してくれると思うのです。
心からきものに親しみ、女優のような品格と個性をたずさえた、
真のきもの美人が増えることを願って。

最後になりましたが、今回、写真の再掲載を快諾してくださった
女優の皆さま、ありがとうございました。
心より、感謝を申し上げます。

――ヘア&メイクアップ・アーティスト
黒田啓蔵

# Profile

## 黒田啓蔵（くろだ・けいぞう）

ヘア＆メイクアップ・アーティスト

Three PEACE所属。10年間のサロン勤務を経て、フリーランスで活動。女性誌や美容雑誌で必ずといえるほど名前が挙がる、日本を代表するトップ・アーティストの一人。女優、タレント、アーティストのヘア＆メイクも手がける。

---

## 相澤慶子（あいざわ・けいこ）

きもの エディター

きものエディター。『家庭画報』『家庭画報特選 きものSalon』など、女性誌のきものページの編集、スタイリング、原稿執筆など、30年以上にわたり手がけるほか、女優・著名人の公私のきもののスタイリングも行う。

# お問い合わせ先

| | |
|---|---|
| ㈱加藤萬 | ☎03-3661-7747 |
| きもの おがわ屋 | ☎048-832-8556 |
| きもの創り玉屋 銀座店 | ☎03-6226-0802 |
| きもの創り玉屋 福岡店 | ☎092-524-2438 |
| 京絞り寺田 | ☎075-353-0535 |
| ㈱京都きもの市場 | ☎075-256-1551 |
| 銀座もとじ 和織 | ☎03-3538-7878 |
| 銀座もとじ 和染 | ☎03-3535-3888 |
| 佐竹孝機業店 | ☎075-441-3007 |
| 札幌・せき呉服店 | ☎011-761-6816 |
| 創作呉服 丸重多かはし | ☎0532-53-1665 |
| 染と織たかはし | ☎086-801-0551 |
| 高松 や和らぎ たかす | ☎087-821-6341 |
| ㈱竺仙 | ☎03-5202-0991 |
| 道明 | ☎03-3831-3773 |
| 豊中・織元 | ☎06-6849-5298 |
| 長艸繍巧房 | ☎075-200-4617 |
| 西陣坐 佐織 | ☎075-441-3007 |
| 美術工芸 啓（ひらく） | ☎075-468-3141 |
| 本郷織物工房 | ☎0263-32-5511 |
| ㈱桝屋髙尾 | ☎075-464-0500 |
| ㈱宮川 | ☎075-222-0236 |
| 矢野まり子 | ☎090-6111-8929 |
| 弓月京店 | ☎075-467-8778 |
| 和小物さくら | ☎075-229-3678 |

きもの監修　相澤慶子
デザイン　稲垣絹子、酒井 優（Jupe design）
女優写真　笹口悦民（常盤さん）
鍋島徳恭（檀さん15、35、49頁、原田さん、ミムラさん）
ＨＩＪＩＫＡ
（檀さん17、27、31、65頁、宮沢さん）
細谷秀樹（羽田さん）
撮影　西山 航（世界文化社）
モデル　菅原沙樹
樋場早紀
着付け　伊藤和子（原田さん、ミムラさん）
江木良彦（檀さん、羽田さん、宮沢さん）
小田桐はるみ（檀さん、常盤さん、宮沢さん、１１８～１２５頁）
髙橋惠子（82～１１５頁）
イラスト　オコニック（79、１１７、１２７～１２８、１３０～１３７頁）
澤田明久（18～21、36～41、52～55、70～75頁）
校正　遠峰理恵子
編集　村田理江
平山亜紀（世界文化社）

※女優写真は、２０１１～２０１７年の間に『家庭画報特選 きものＳａｌｏｎ』に掲載したものから抜粋・再使用しています。

# 女優きものの髪

## 美人度が上がる髪型の法則

発行日　２０１８年2月5日　初版第1刷発行

著者　黒田啓蔵
発行者　井澤豊一郎
発行　株式会社世界文化社
〒一〇二-八一八七
東京都千代田区九段北四-二-二九
電話　〇三-三二六二-五一一八（編集部）
電話　〇三-三二六二-五一一五（販売部）
印刷・製本　凸版印刷株式会社
DTP　株式会社明昌堂


ISBN 978-4-418-18400-2